シャルロット（フランス）

レープクーヘン（ドイツ）
ジェラート（イタリア）

クリスマス・プディング（イギリス）
悪魔のお菓子と天使のお菓子（アメリカ）

ロクム（トルコ）
サムセクキョンダン（韓国）

万国お菓子物語

世界をめぐる101話

吉田菊次郎

講談社学術文庫

はじめに　お菓子の神様

古来よりわが国は諸事にわたり八百万《やおよろず》の神々に守られているという。甘き世界またしかり、お菓子の神様がおわしますことご存知であろうか。

時は紀元直後、西欧においてはローマ帝国最盛期の頃のことである。現在の兵庫県にあたる但馬《たじま》の地に、朝鮮半島の一国である新羅《しらぎ》の王子・天日槍《あめのひぼこ》の子孫が住んでいた。彼はその地名を氏として田道間守《たぢまもり》と名のっていた。田道間守は第十一代の垂仁天皇の命により、紀元六一年、幻の常世国《とこよのくに》にあるとされる、不老不死の仙薬果《せんやくか》・非時香果《ときじくのかぐのこのみ》を求め、朝鮮半島に向けて旅に出た。苦節十年の末ようやくにして使命を果たし帰国した時には天皇はすでになく、慟哭した彼は陵前にて食を絶ち、自らの命を捧げたという。この時に持ち帰ったのが今でいう橘《たちばな》で、中国大陸南部のいずれかの地方のものであろうといわれている。

ちなみに「ときじく」とは「時に非ず」、つまり季節外れの意味である。橘は夏に実をつけ、そのまま秋や冬になっても成り続け、一度橙《だいだい》色になるが春過ぎてからまた緑にもどってしまう。よってこの果実は橙《だいだい》と称される一方、回青橙《かいせいとう》の名でも呼ばれている。また二年目や三年目の実といっしょに成るところから、代々《だいだい》の語になぞらえて、正月の縁起ものお飾りとして用いられたりもする。

さて、時も下って大正の初期。お菓子はかつて果子と書いていたこともあって、この橘こそがお菓子のルーツ、そして当時の忠君愛国の気風を反映したものでもあろう、これを持ち帰った田道間守また本邦初の忠臣とする考えがあいまって、彼は冒頭記したごとくお菓子の神様、すなわち菓祖神とされるにいたった。

ところで現在、田道間守は兵庫県豊岡市の中嶋神社と、和歌山県海南市下津町の橘本《きつもと》神社の二社において祀られている。前者は田道間守の出身の地として、後者は持ち帰った橘の苗を初めて植えたところとして伝えられている。そして双方とも、和洋を問わず今にいたるもお菓子を生業とする人たちの参拝絶えることがない。

田道間守（橘本神社提供）

目次

万国お菓子物語

世界をめぐる101話

南蛮菓子

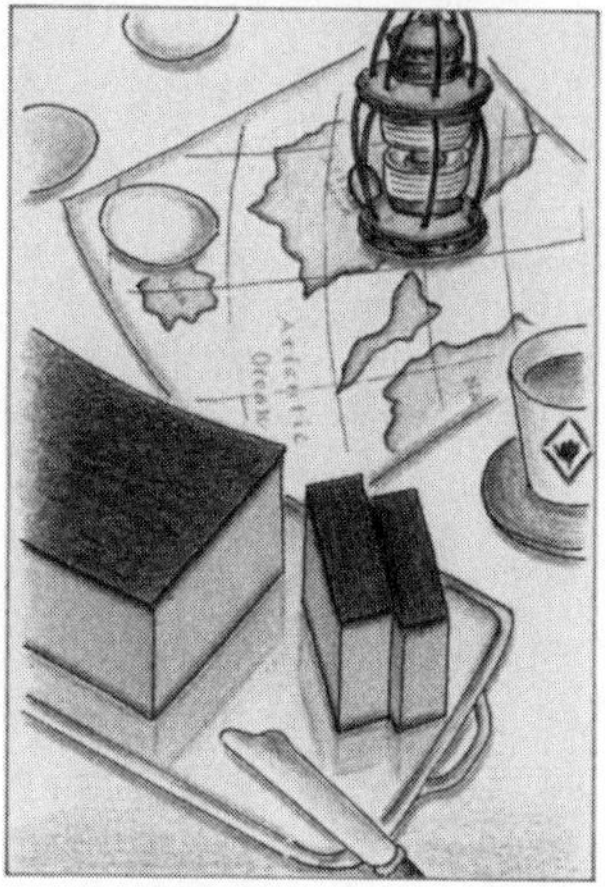

南蛮菓子いろいろ

東夷西戎南蛮北狄《とういせいじゅうなんばんほくてき》。まことにもって中華思想の権化のような言葉である。その大陸文化を手本として学んできたわが国も、新たに知った西欧世界を、唐《から》、天竺《てんじく》のさらに南の野蛮な地として、本家に倣い南蛮と称した。思えば不遜な表現だが、そう呼ばれたスペインやポルトガル、あるいは紅毛とされたオランダやイギリス等からは、それまでとはまったく違った文物が流れ込んできた。「南蛮物」と呼ばれたそうした多くの中には、物珍しいお菓子の一群もあった。

大坂城医にして博覧強記と謳われた寺島良安が正徳五（一七一五）年に著《あらわ》した、当時の百科事典ともいえる『倭漢三才圖會《わかんさんさいずえ》』や、西川如見（忠英）の手になる享保四（一七一九）年の『長崎夜話草』といった江戸中期の書に、以下の如き南蛮菓子を読みとることができる。すなわちハルテイ、コスクラン、ケサチヒナ、ボーロ、ケジャト、カステイラ、コンペイト、アルヘル、カルメル、ヲベリヤス、パアスリ、ヒリョウズ、ヲブダウス、玉子索（素）麵、ビスカウト、パン、チチラアト、およびタルタである。

ただビスカウトはビスケット、アルヘルはアルヘイトウかとすぐに分かるものもあれば、いささか見当つきかねるものも少なくない。チチラアトはもしかしたらチョコレート？　パアスリはパティスリー？　じゃあケサチヒナやヲブダウスは？　加えてコスクランにヲベリヤスと、考えるほどにますます訳が分からなくなってくる。こうなるとまるで暗号解読の世界である。

いずれにしても当時の人々は鎖国の世にありながら、遥けき世界に熱き想いを寄せ続けてきたのだ、これらの甘き一片を通して。そしてそれらが今、それほど大昔のものでもないにもかかわらず、すでにして霧の彼方に姿を隠そうとしている。現代に生きるわれら、せめて記憶の上だけででも、消えなんとするそれらをつなぎとめておかねばならぬ。

釈でとらえ、発展させてゆかねばならない。

第1話　カステーラ

鎖国という情報の途絶えた特殊な環境では、人々はそれまでに入ってきたものを独自な解釈でとらえ、発展させてゆかねばならない。

たとえばスポンジケーキ。十五世紀末頃にスペインの前身であるカスティーリャ Castilla 王国の地で生まれたという。その頃まではお菓子といえば卵、砂糖または蜂蜜、バター、小麦粉を混ぜたビスケットの類ぐらいしかなかった。誰かがそのうちの卵を攪拌してみたところ泡立って増量し、しかもなかなか消えない。そこへ他の材料を混ぜ釜に入れてみた。ふっくらと焼き上がった。食べてみた。これまで体験したことのない美味な食感に感動を憶えた。新しいお菓子の誕生である。

後から見れば他愛のないことだが、お菓子の世界にとってはこのテクニック、大変な大革命なのだ。当地ではこれをビスコッチョ bizcocho と名づけた。このネーミングからも、スポンジケーキがそもそもはビスケットから派生したものであることが分かろう。

時は大航海時代。隣国ポルトガルに伝わったそれは、ご存知のごとく一五四三年の鉄砲伝来を機にはるばる日本に伝えられた。生まれた地にちなんだ名カスティーリャの発音がややなまってカステーラとされ、加須底羅、粕亭羅、糟貞良、角寺鉄異老等々さまざまに記されて親しまれていく。こうしてみると新技術の伝播としては日本もけっこう早い方、否、それどころか世界に比してかなりいいとこ勝負をしていたのだ。ところがそこから先で運命が分かれる。すなわち西欧においては、このふっくらとしたお菓子を元に、ジャムやフルーツ、ナッツ類をはさんだり、あるいはクリームをぬるなどして、いろいろな味覚のケーキ類を次々に開発し、食卓にますます彩りを添えていった。対するわが国はカステーラ以降のニュースが入ってこない。そこでたずさわる御菓子司はあらゆるテクニックをもって、今あるものだけを研ぎ澄ましてゆく。気泡は限りなく細かく均等に、口当たりはあくまでしっとりと。浮き上がる泡は許せず、板でなぞって消して表面まっ平らに。而《しこう》してでき上がったのが長崎カステーラ。世界に類を見ない完成された芸術品といってよい。

なおカステーラの語源についての異説も付記しておく。実はカスティーリャからのものではなく、ポルトガル人が卵を泡立てる際に、空気をより含ませるために言った言葉「バーテル・アス・クラーラス・エム・カステロ」の最後の語が日本人の耳に残り、そう名づけられてしまったのではないか、というのだ。カステロとは〝城〟、クラーラスとは気泡性の高い卵白のことで、「城のように堆《うずたか》くなるまでかき混ぜよ」の意味という。よろずいろいろな見方がある。真相？　さあて、通説では前者だが。

第2話　ボーロ

現在ポルトガルでは、スポンジケーキをパン・デ・ロ pão de ló と呼んでいるが、隣国スペインから伝わった当初はカスティーリャ・ボーロ castilla bolo と呼んでいたらしい。ボーロとはお菓子、つまり「カスティーリャで生まれたお菓子」の意味である。

これがそのまま日本に伝えられた。ところがその後、どうしたわけか上と下とが別れて歩き出してしまう。上の方はカステーラの名でスポンジケーキそのままに、下の方、つまりボーロはテンパンの上に少量のタネを流す、いわゆる落し焼きの手法で小さな形に焼かれていった。

容積、面積が小さければどうしても乾燥気味に、ちょうど一口サイズのクッキーのようにカラカラに焼き上がる。カステーラが元はビスケットからのアレンジであったことを思うと、いわば先祖返りとでもいったところか。これが九州から四国を経て都・京に上るにつれ胡麻が入ったり、丸や花型に象《かたど》られたり、はたまたそば粉が加えられるなどして、丸ぼうろ、花ぼうろ、そばぼうろ等の名が付され、復鳥留と記されて今日にいたった。今様の味覚とはやや趣を異にするが、九州の佐賀や京都等の代表的なおみやげとして、今も広く支持さ

れている。

　ところで衛生ボーロというものがある。コロコロと丸い小児用のお菓子で、子供時代、あるいはお子様をお持ちの方になじみの深いもので知らぬ人はいないと思う。明治大正を通して活躍した古川梅次郎（一八六〇―一九二五年）という人の手になるもので、京菓子のボーロとはイメージを異にするが、落し焼きということでは、その延長線上にあって進化したものということができる。ちなみに同氏は製菓職人というより文人と呼ぶにふさわしく、『あづま錦』（全三巻）や『十二月菓帖』、あるいは『勅題干支新年菓帖』（全二十四巻）といった書を著している。菓子業界における優れた教育者、文化人として高い評価を与えられるべき人物である。

　とまれ今日、わが国においては各種のボーロが散見されるが、それらはなべてスペインで生まれたスポンジケーキから派生しているものである。

ハルテ、または漢字で波留天伊とも記されるが、結論を先に申し上げると、その実体よく分かっていない。

第3話　ハルテイ

文政十三（一八三〇）年に喜多村信節《きたむらのぶよ》という人の書いた『嬉遊笑覧《きゆうしょうらん》』なる随筆に、「ハルテイ、マガリ、ボウル、みな花ぼうるの類なり」とある。ボウルとはボーロのことである。ただそう述べられているからにはまさしくその類なのだろうが、かくいうハルテイもマガリもいつしか消えて手がかりがない。スペイン語でパンの隠語として用いられているhartonあたりがにおうと憶測めぐらせてみた。してみるとそもそれはパンの一種、それに手を加えたもの、ラスク状のもの、すなわちボーロのような焼き菓子だったのか。

聞くところによるとポルトガルの西南海上、というよりモロッコの沖合いといった方がよい大西洋に浮かぶ、ポルトガル領のマデイラ島に、ファルテ farte という食べものがあるという。ただしこれは筆者未確認だが、さつまいもを使って作られる、いってみればスウィート・ポテトのようなものであるとか。だとすればいうところのボーロとはほど遠い。

ちなみにマガリについても調べてみたが、これもあまり要領を得ない。『養生訓』で知られる貝原益軒いわく、「マガリは唐菓子の糫餅《まがり》に似たもの」としている。糫餅とは中国大陸から伝わった揚げものの一種のことで、ここでいうボーロ、すなわちクッキー状のものとはだいぶ趣きを異にする。

よって今のところハルテイおよび南蛮菓子としてのマガリ、ともに霧の中。たかだか百数十年にして忽然と消えてしまった謎秘めたお菓子である。

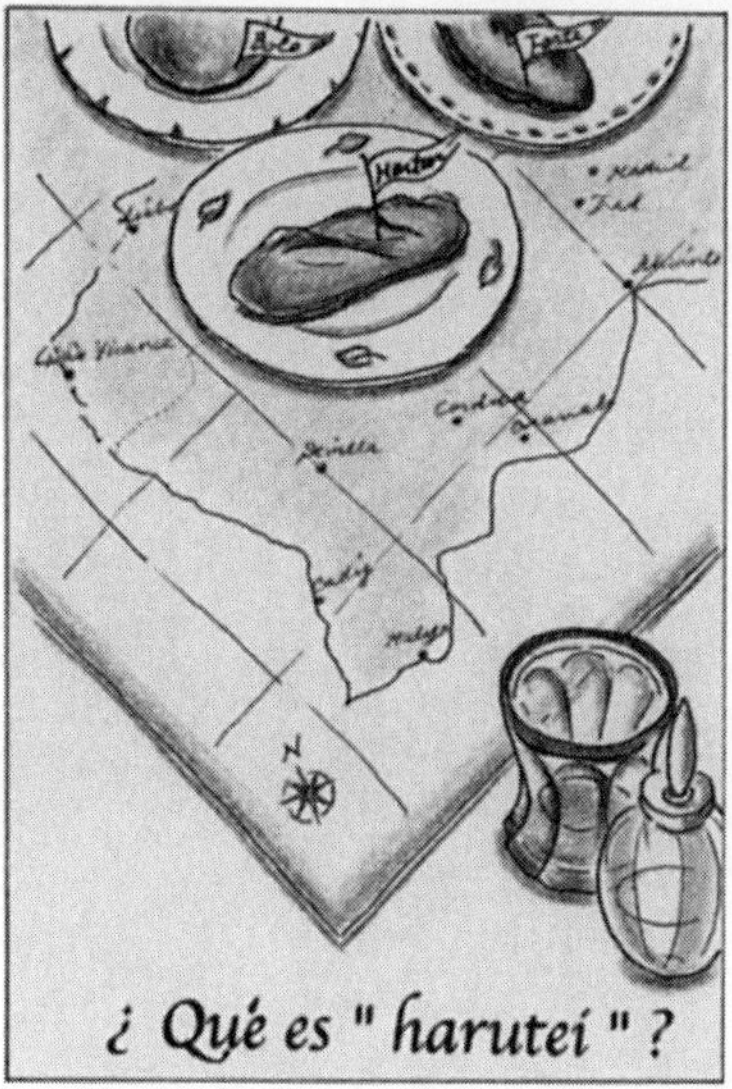

第4話　カルメイラ

今日カルメ焼きと呼ばれてお祭りや縁日の屋台で見かけるものだが、語源はポルトガル語でいわゆるキャラメルを指すカラメーラ calamella である。これがなまり、江戸時代よりカルメイラや、カルメイル、カラメラ、軽めいろ、革二減以而等さまざまに表記されてきた。はじめの頃は有平糖《あるへいとう》、今でいう飴の概念と同じように捉えていたようだ。思えばカラメルとは砂糖を煮つめ焦がして作るもので、製品化されたのがまさしく飴の一種たるキャラメルの名で広く親しまれているのだから、これでなんの不思議もない。

ところがこれも鎖国の間に、ほかと同様、しだいに独自の発展をとげていくことになる。すなわち冒頭記したごとくのカルメ焼きに……。

これは煮つめた糖液に重曹を加えて気泡を起し、ボワッと膨張させ、固まらせて作るものである。『古今名物御前菓子秘伝抄』等にそのはしりの記述があり、「軽石の如くなり候……」としている。また『倭漢三才圖會』ではこれに浮石糖の名を与えた。軽石や浮石とはまさに言い得て妙である。もっとも今ほど完成された（?）ものであったかは計りかねるが、それにしても当時の人々にとっては、突如ふくれて固まるそのさま、まるで手妻《てづま》を見るほどの大きな驚きであったことと思われる。

さて、開国後、その形はまた元に戻される。明治三十二（一八九九）年にアメリカから帰国した森永太一郎氏によって商品化されたそれは、ついには日本の甘味文化の頂点に立つまでになる。子供の遠足には必携品となり、映画館では「おせんにキャラメル」が庶民の楽しみとなる。さりとて一方のカルメ焼きも申したごとく消えることなく祭りの主役としてしたたかに……。

第5話　アルヘイトウ

いわゆる飴菓子のことで、ポルトガル語でねじり飴を指すアルフェロアalfeloaが語源。今日ではおおむね有平または有平糖とされているが、それまではアルヘル、アルヘイ、アルヘイル、あるいは掩而皿兮、阿留平糖などさまざまな表記がなされていた。

また元禄十三（一七〇〇）年に柳沢吉保が日光・輪王寺公弁法親王より受けた賜り物として阿留赫乙糖の文字が、柳沢家系図に記載されているという。巷間伝えられるように、当時絶大な政治力を誇った柳沢吉保のもとにはいろいろな賄賂《まいない》が届けられたとか。さしずめこれなどもそのひとつであろうか。だとしたらこのアルヘイトウ、相当商品価値が高かったといえる。

さて他の南蛮菓子同様、長崎に発祥を持つこれは、はじめの頃はおそらく単なる飴であったはずだが、これも鎖国による情報断絶から独自の道を歩んでいくことになる。すなわち九州を起点として京や金沢に伝わるうちに、なんと細工菓子としての発展を遂げていったのだ。ヨーロッパのあめ細工に先駆けること二百年以上である。あるものが提案されたり、ちょっとしたきっかけが与えられるや、それを元に信じられないほどの高度なレベルに改良を

重ねてゆく。日本人の知恵と技術と文化度の高さには、驚きを禁じ得ない。有平糖の極意は煮つめる温度や細工をする時の温度管理にその秘伝があるとし、とくに工芸的な細工物を作る職人は名人と称されて敬意を表わされるようになった。

そして八代将軍・徳川吉宗の頃、有平糖は城中において大いにもてはやされ、作り手は〝献上菓子御受納〟を拝命するにいたる。しかも羽織袴に帯刀まで許され、登城の際には通用門ならぬ表玄関より堂々通行するという、あまたの商人《あきんど》の中でも別格の扱いを受けるようになった。許可する方にもされる方にも見え隠れする権威主義が、いささか気にならぬでもないが、それだけものごとの極みが芸術として評価されるほどの太平な世の中になったということなのだろう。そしてここに、磨き上げた技術をもって一介の菓子屋が御菓子司として急速に格式と威厳を備えていった過程を読み取ることができる。

第6話　コンペイトウ

改まって説明の必要もないと思うが、小さな粒を核として糖衣を重ねていった砂糖菓子である。その際できるたくさんのツノのかわいらしさに子供時代、魅せられた人も少なくないはず。

語源は糖菓を表わすスペイン語やポルトガル語のコンフェイト confeito で、コンフィ、コンフヘイド、コンフヘイトー、コンペイタウ、あるいは金米糖、金餅糖、渾平糖、または南蛮菓子の一方の雄たる有平糖と並べて金平糖と当て字をされた。さらにはこうした表音による命名とは別に糖花、小鈴糖といったかわいらしい表意文字をもって当てられてもいた。なお金米糖については、焼いた米を核（種）として糖衣したもので、その焼いた米が黄金色になるところからこの文字が当てられたという。ただし元禄元（一六八八）年に書かれた井原西鶴の『日本永代蔵』では、この核は胡麻、もう少し後の『嬉遊笑覧』および嘉永六（一八五三）年の頃の『守貞漫稿《もりさだまんこう》』（喜田川守貞著）には、けしの実を使用した旨書きしるされている。どんなものが核でもできることはできるが、それが小さければそれだけ小粒のデリケートなものができるわけである。

ところで戦国の世にあって、宣教師のルイス・フロイスが永禄十二年四月三日（一五六九年四月十九日）に、当時の将軍・足利義昭に拝謁をはたしている。そして折から建築中の二条城の橋のたもとで織田信長に謁見し、その際ギヤマンの壺に収められたこれを献上している記録がある。あの荒々しい時の天下人信長が、ガラスびんに入った色とりどりの金米糖を振り鳴らし、そのうちの一粒を口に含み、「これは美味、いや甘露甘露」などとつぶやく様を思うだに、ほほえましくもなってくる。

なおフロイスは日本における布教活動を『耶蘇会士日本通信』として記録したり、『日本史』（天文十八（一五四九）年以降の布教史）として著しているが、その中にコンペイトウの記載がある。日本の洋菓子が他国の文献に載った嚆矢として注目に価する。

史実をたどるに、金米糖も長崎より発して、まずは上方方面に広まっていった。江戸に入ったのはかなり遅れてのようで、本格的に江戸で盛んになったのは文化・文政（一八〇四－一八二九年）以降といわれている。登場の早かった割には比較的遅咲きの南蛮菓子といえる。

第7話　ビスカウト

ポルトガル語のビスコウト biscout、英語のビスキット biscuit で表わされる乾き焼き菓子で、わが国では現在ビスケットで統一されているが、かつては南蛮菓子のひとつとしてビスクイトあるいはビスカウトの名でなじまれていた。

天文十二（一五四三）年にポルトガル人が種子島に漂着し、鉄砲が伝来した。どこにその記があるわけではないが筆者思うに、彼らはその時当然のこと、自分たちの食しているパンやワインやビスケット、といっても乾パンのようなものだったろうが、それらも日本に伝えたのでは……。大切にしているものや食べもののやりとりは人と人、とくに異民族同士がコミュニケーションをはかる手段としてはごく自然な行為と思われるゆえ。よって独断ながら鉄砲とビスケットという一見奇妙な取り合わせこそが、日欧交易第一号の品であったと申し上げたい。

わが大和民族の進取の精神と勤勉さは今に始まったことではないようで、製法を学んでからは、十六世紀後半すでに江戸や長崎あたりでかなり手がけられていたという。慶長から元和（一五九六―一六二三年）にかけて、量の程は計りかねるが、なんとフィリピンの呂栄《ルソン》にまで輸出されていたことが、『呂栄諸島情況報』や『通航一覧』に記載されている。ただ国内ではあまり広まらなかったようだ。たぶんカステーラや金米糖、ボーロなどの南蛮菓子にはないバターや油脂の風味が、まだ一般の人々には受け入れられなかったのではなかろうか。「バタくさい」の表現があまり良いニュアンスで使われないことからも、当時の人々の反応が分かる気がする。

なお製法については、柴田方庵という水戸の蘭方医が、長崎で外国人よりその作り方を教えられ、安政二（一八五五）年、その旨の本「パンとビスコイト製法書」を記している。同書はビスケットの製法について述べた本邦初の書とされており、その日が二月二八日であったことから、現在同日は「ビスケットの日」とされている。さりながら、種々の南蛮物の中では、早くから伝わったにもかかわらず、どちらかというとマイナーな存在だったといえる。

改めて熱い視線を浴びたのは、風雲急を告げる幕末の頃、軍用の兵糧としてであった。

第8話　玉子素麺

表題のほかに玉子索麵あるいは鶏卵素麵、鶏卵索麵とも記される南蛮菓子で、現在もなお九州博多の名物として伝えられ、多くの人々の口を楽しませている。

作り方はシンプルで、少量の水で溶いた卵黄を熱したシロップの中に細く絞り落としてゆくだけである。そして熱で固まったそれをすくい上げ、水気を切って供する。スペインでウエボ・イラド huevo hilado、ポルトガルではフィオシュ・デ・オヴォシュ fios de ovos と呼ばれるもので、彼らによって日本に伝えられ、そのまま生き残ったものである。製法もしごく簡単なため、手の加えようがなかったのだろう。ただ伝えられた九州と江戸の上菓子商を除いては、あまり各地に広まることはなかった。

生まれ故郷の南欧では今にいたるも引き継がれており、とくにポルトガルでは、この卵黄のタネをカップに入れたり、春巻きのようにしたトロッシャス・デ・オヴォシュ trouxas de ovos が好まれている。彼らの卵黄ダネに対する思い入れの深さがここにも感じられる。

記録としては、享保四（一七一九）年に西川如見が書いた、長崎に赴いた際の見聞録『長崎夜話草』に、ヒリョウズ、ヲブダウス、ビスカウトとともにタマゴソウメンを食した旨の記が残されている。また天保（一八三〇―一八四三年）の書には「一斤二十三匁にして玉子仕立。金糸の如く切る。一斤およそ十五把あり」と記されている。作り方も売り方も今と変わるところがない。

なおタイでもフォイトーンの名で呼ばれている同じものがある。意味も同じく「金の糸」。これも日本同様ヨーロッパの宣教師たちの手によって伝えられたものだろう。彼らの足跡をたどるに、タイへは日本より先に上陸していることから、このお菓子もまた日本に先んじて伝えられていたにちがいない。博多、スペイン、ポルトガルおよびタイへおでかけの節にはぜひとも、時を超えて伝わる南蛮秘伝の金糸菓子を御賞味あれ。

ポルトガルの店頭にて

タイのフォイトーン

第9話　ヒリョウズ

ヒリョウズまたはヒリョウスと称されるこれ、南蛮菓子のひとつとされながら忽然と姿を消している。他にも増して謎めいたものである。

先に引き合いに出した西川如見の『長崎夜話草』には「コンペイト、アルヘル、カルメルなどと共にヒリョウズを教え居り候」の記がある。この言いまわしがなんとも微妙なのだが、金米糖や有平糖などと並記されているところから、疑いもなくこれも甘味食品か、またはたとえ甘くなくとも、少なくともお菓子の類と一般には認識されている。一方現代に目を転じると、関東においておでん種のひとつとしてあまねく親しまれているものにガンモドキがあるが、関西ではこれを飛龍豆（豆を頭と書くこともある）の字を当ててヒロウズと呼んでいる。ヒリョウズとヒロウズの同一性、これはハナから疑問の余地がない。しかしなぜ南蛮菓子の姿が消え、名のみ残してガンモドキに……。

なお『長崎夜話草』から半世紀ほどたった頃の『倭訓栞《わくんのしおり》』（谷川士清《ことすが》著・安永六〈一七七七〉年）という一種の国語辞典では、「ひりうす、料理の目にいへり。蛮名也とそ」としてあり、ここではすでにお菓子とは切り離し、料理の品目として位置付けている。言われると

おり始まりがお菓子であったとしたら、この二書の間の五十年間が実に怪しい。

またそれよりさらに七十年ほど過ぎて刊行された『守貞漫稿』には「京坂にてヒリョウス、江戸にてガンモドキと云ふ。雁戻なり。豆腐を崩して、水を去り牛《ご》房《ぼう》笹掻、麻の実などを加え、油揚げにしたるを云ふ」としている。もうはっきりと東西の呼称の違いを述べており、その内容も今日のガンモドキそのものであることを説明している。そこでここにいたるまでを推測。

古代ギリシャではフィロと呼ぶ薄く延ばした小麦粉生地があり、これで甘い具を包んでいた。それがアラブ圏に伝わりバクラヴァというお菓子になる。これは同様の生地を揚げたり焼いたりしたものである。それがスペインやポルトガルに伝わり南蛮船で日本に……。初めの頃は肉かナッツ類のペーストなどを包んで揚げた、料理とも菓子ともつかぬものだったのではないか。そのうちに肉食の習慣持たぬ身が、揚げる手法はそのままに、豆の練り物すなわち豆腐に置き換えて自らの味覚に合わせていった。呼び名もフィロの複数形のフィロスがなまってヒリョウス、ヒロウズ、豆を使うからと飛龍豆となっていった。ガンモドキすなわち「雁のようだ」の表現も、当初の詰め物が鳥肉かそれもどきのものであったことを示している。かくして南蛮菓子ヒリョウズは変身し、おでん種として現代に生き残った……。

今日ポルトガルには、小麦粉に卵を混ぜて揚げ、砂糖をまぶしたフィロオシュ filhós なるものがある。これを見るにおでん種になる前身はやはり明らかに甘みを持つお菓子だったとみえる。しかしながらそこには鳥肉もどきを想像させるものは何もない。とするとそのもどきとは、もっと遡ったところのものなのか。

解けたように見える謎にまた夢がふくらむ。

第10話　パン

欧米ではパンは主食の一部ゆえ一応お菓子とは区別しているが、わが国では古くよりこれを南蛮菓子の類として捉えてきた経緯がある。米食の習慣の中では組み込むところがなく、やむなくお菓子のジャンルにくくったというところであろう。

さてわれわれが初めてパンに接したのは天文十二（一五四三）年で、ポルトガル人が種子島に漂着した時であろうことはすでに述べた。当時はこれを飯にひっかけてハンと呼んだり、波牟の文字を当てたり、餛飩、蒸餅、麦餅と書いてそれを表わしていた。また『倭漢三才圖會』では「饅頭にして餡なきものなり」と説明している。明治になってからは麵麭とか麪包、麪包となり、カタカナでのパン表記の一般化は明治も末期になってからである。

パン食の足跡をたどるに、日本にも小麦という材料があるゆえ、来日した宣教師たちもある程度はそれをもって自前でパンを作っていたであろうし、セミナリヨ（キリシタン宗門の教育機関、神学校）に学んでいた邦人の子弟も自然とその作り方を教わったり、口にする機会も増えていったことと思われる。また天正の遣欧少年使節や慶長の遣欧使節たる支倉常長をはじめ、海外に雄飛した同胞たちの長期にわたる西欧式食生活を考え合わせるに、未だ一般化していなかったとはいえ、わが国のパン食史も遡ること四百年以上ということになる。数千年前の古代エジプト時代にたどりつく先方には及ぶべくもないが。

また慶長十四（一六〇九）年、上総海岸に漂着したスペイン船の乗組員の臨時長官ドン・ロドリゴ・デ・ビベロは、後の報告書に次のように記している。「日本人はパンを果実扱いにしているが、江戸のパンは世界最高と信ず」と。果実扱いとはお菓子扱いのことと思われるが、それにしてもこれはいささか持ち上げ過ぎであろう。

文献の確かなところでは、享保三（一七一八）年の『製菓集』には「ハン仕様」としてパンの製法が記されている。筆者は不明だが、かなり細目にわたって研究されており、大いに進取の精神がうかがわれる。

また大槻玄沢《おおつきげんたく》（江戸後期の仙台藩士で蘭方医、磐水と号す）の書いた『環海異聞』にはケレブの製法として詳しく製パン法が述べられている。ケレブとはロシア語でパンを表わすフリエーブもしくはフレーブがなまったものらしい。当時の世界観としても、すでに南蛮紅毛だけがヨーロッパではない。オロシャだって一方の大国であり、何よりも隣人であるという認識がすでにそなわっていたことがよく分かる。

こうして長い間、異質を感じつつお菓子扱いをされてきたこれに、目をとめ兵糧として大いに研究にいそしんだのが、世直し大明神といわれた幕末の先覚者・江川太郎左衛門英龍であった。伊豆韮山の代官で、品川沖に台場を作り、種痘を実施し、「気を付け」、「前へならえ」、「捧げ銃《つつ》」といった号令も彼の考案とか。その彼の指示によって初めてパンが焼かれたのは天保十三（一八四二）年四月十二日で、その日は今日「パンの記念日」として定められている。

それからは幕府はおろか薩長土肥を含め、日本中の各藩がこぞってパン食の研究にいそしみ、兵糧としてはもとより、それこそ今日につながる主食としての道を歩んでゆくことになる。

第11話　ケジャト

ケジャトなるお菓子、いかなるものか。

博学として知られた池田文痴菴《ぶんちあん》氏によってまとめられた『日本洋菓子史』（一九六〇年）なる書をはじめ、食文化を著した各書をひもといてもこれに関する確たる記述は見当たらず、またあっても今ひとつ要領を得るまでにはいたらない。しかしながら同名のお菓子はたしかに存在していた……。実はこういうものこそが書き手の夢をこよなくかき立てるのだ。ネバー・ギブアップ。手がかりの少ないなか、例によっていろいろと考察をめぐらせてみた。

これについてははじめ、スペインで古くより伝えられている素朴なクッキーの一種のガジエータ galleta あたりがなまったものとの見方もしていたのだが、どうもそうではなかったようだ。筆者、過日ポルトガルを訪れた折、やっとその手がかりを得ることができた。その名もケイジャーダ queijada なるチーズケーキの類を見つけたのだ。

ケジャトとケイジャーダの相似性。これはガジェータに結ぶよりは無理がない。実物はナチュラルタイプのクリームチーズに卵黄と砂糖を加え、シナモンで香りをつけて焼き上げた

もの。だが当時、本当にこうしたチーズが運ばれたのか。日本人がすでにしてこのチーズケーキを口にしたのか、なんとも申し上げようがない。ただ、ことのほか新しいものを好み、西欧のものなら何でも興味を示した、時の天下人織田信長あたりなら、ひょっとして誰にも先駆けて口に運んだだろうことは朧気ながら察しはつく。そう、あの信長が食べたかもしれないチーズケーキ、それが幻のケジャト……。

しかしながらバターや牛乳でさえ、そのにおいや風味によい印象を持たぬ人の多かった当時の状況からみて、それよりさらにきつくクセのあるチーズはやはり口に合わなかったのか。結果ほどなく消えてしまったようで、いつしか人々の口の端にさえのぼらなくなってしまった。

なお、ケサチヒナなるお菓子も、このケジャトの別表記だとする説があることも、ここに付記させて頂く。

第12話　ヲベリヤス

これまた、正直申して正体がよく分からない。

が、ポルトガルではオベリャスという名の山羊のチーズが好まれているという。とするとヲベリヤスなる南蛮菓子も、なんらかの形でこれを使ったものだったのか。そして前述の、ナチュラルチーズを使ったらしいケジャトなるチーズケーキ同様、やはり口に合わずに霧の彼方に……？

なお天明七（一七八七）年の『紅毛雑話』なる書のオランダ菓子のメニューに、ヲペリイの記がある由、耳にした。筆者未確認だが、これについては、「大きな型を使って、花の形にこしらえたカステーラ」と説明しているという。

ここではチーズのチの字も出てこない。ヲペリイが候補となると、その発音や綴りの類似性からみて、フランス菓子にある巻きせんべいの一種のウーブリ oublie の存在も見逃せない。いよいよ分からなくなる。

ところで筆者、かつてJTB主催による「吉田菊次郎のお菓子で巡る世界の旅」なるツアーを行い、お菓子好きの方々を引率して世界中の甘い物を訪ね歩いていたことがある。ポルトガルを訪れた時、懇意にしている同国の製菓組合の事務局長をされていたヴィクトル・モレイラ Victor Moreira 氏に、このお菓子について尋ねたことがある。同氏いわく、確かにオベリャスという山羊のチーズを使ったものとも思えるが、ただ、ポルトガルの北方にある、雨多く緑豊かなミーニョ地方で「オベリーニャ」というお菓子があり、発音のなまりも考えに入れるとこちらとの関連も捨て切れないという。それが如何なるものか、伺えずじまいに終わってしまったのが残念の極みだが、さてこのお菓子、山羊のチーズ使用のものか、花形に焼いたカステーラのヲペリイか、はたまたミーニョ地方のオベリーニャか。

普通に考えたら、やはり山羊のチーズを使ったチーズケーキあたりが有力とも思えるが……。

第13話　タルタ

スペイン語のタルタ tarta そのままの表記である。

今日のわが国の洋菓子はフランスの影響を強く受けているので、タルタというと即座にフランス菓子のタルト tarte を思い浮かべてしまうが、ここではスポンジケーキであるカステーラでできたお菓子を指す。すなわちドイツ語圏におけるトルテに近いとらえ方といえる。タルトもトルテも源は同じで、ともにはじめはビスケット生地のお菓子だったが、十五、六世紀ごろに分かれて歩き出した。すなわちビスケット生地のまま引き継がれていったのがタルト。一方スペインでその材料のうちの卵を攪拌してフワッと焼かれたビスコッチョと呼ばれるスポンジケーキが開発されて、柔らかいお菓子の道を歩んでいったのがトルテである。

ここでいうタルタとは後者で、その名をもってイベリア半島から日本にやってきた、あくまでも柔らかいスポンジ菓子の方である。

ちなみに愛媛県松山市の名物に、タルトの名のカステラ巻きのお菓子がある。名前はフランス語を思わせるが、これはまさしく南蛮菓子タルタの直接の系譜を引いての創作といえる。

そしてここでも当時の日本人の思考の柔軟さに驚かされる。すなわち新たに入ってきたスポンジケーキを薄く平らに焼いて、その上に餡《あん》をぬり、のり巻きのように巻く。誰に教わるともなくロールケーキをつくってしまったのだ。和菓子でいう棹物の感覚があったにせよ、その自由な発想には喝采を送りたい。

第14話　コスクラン

ポルトガルからの伝来のお菓子で、語源はコシュクラオン coscorão にあるという。なるほどこれなら「コスクラン」になりそうである。

江戸時代中期に書かれたらしい『南蛮料理書』なる本には、「小麦粉に塩水を加えて冷麦をつくるようによくこね、好みの形や大きさに切り、熱した油で揚げて、煮つめた糖液の中に通す」との製法記されている由。小麦粉生地を揚げて糖がけするのは、お菓子づくりの手法としてはしごくポピュラーなものといえる。

人間どこでも考えることはそれほど変わらないものとみえ、この種のものは世界の各地でつくられている。たとえばスペインのチュロス churros、アラブ圏のバクラヴァ baklava、ドイツのシュツルーデル Strudel などである。甘味作りにこそしてないが中国の春巻きなどもこの一種と言えないこともない。

ところがである。どこにでも根づいたこうした類いのお菓子、いつの間にか日本では消息を絶ってしまったのだ。いや正確にはこの名前が行方不明なのである。

名前にこだわらなければ、似たようなものとしてかりん糖というものがあるが。

ちなみにポルトガルで、現在コシュクラオンの名で作られているものは、小麦粉生地をオレンジ風味にして薄く延ばした揚げ菓子である。

第15話　チチラアト

チチラアトを白ごまを使ってつくる飴と紹介している本もあるというが、さすればごまおこしのようなものか。お隣りの韓国にもケカンジョンと呼ばれる同様のものがある。ではそれがなぜチチラアトなのか。その表記、語源がまったくわからない。ものの本によってはチアジアトなる記もある。また他書みるにそれらしい響きのものとして、ちぢら糖、ちくら糖なども出てくる。これらに共通して、近い発音のものといえば当然チョコレートの語が浮かんでくる。

時期から推して一番最初にこれを口にした日本人は、天正の遣欧少年使節（天正十―十八〔一五八二―一五九〇〕年）か、慶長の遣欧使節（慶長十八―元和六〔一六一三―一六二〇〕年）あたりと思われる。そして日本において賞味されたのは、もう少し遅れた十八世紀になってからで、長崎丸山の遊女の貰い品目録にチョクラートの文字が見える。

しかしながらちょっと待って頂きたい。もしもそれらがいうところのチョコレートであるとしたなら、それは今日のような固形のものではない。まだ液状の飲みもの、すなわちココア・ドリンクの状態である。チョコレートが飲みものから食べものになったのは、そこから

かなり後のヴィクトリア朝時代（一八三七—一九〇一年）の前期頃からといわれている。したがってチチラアトは飲みものの一種として書かれるなら分かるが、南蛮菓子として記されている以上、どうみてもチョコレートであるはずはない。じゃあ一体なんなのだ。

まさか御先祖様方は世界に先がけて固形のチョコレートをつくりあげて口に……？　あるいは当時の人々はもっと柔軟に、こうしたスウィート・ドリンクも広くお菓子の一群として理解していたのだろうか。はたまた、やはりチチラアトはチョコレートとまったく別ものの何かだったのか。

できることならちょっとタイムスリップしてたしかめてみたいものである。

第16話　ズボートウ

江戸時代中期の宝暦（一七五一―一七六三年）の頃、江戸市中においてズボートウというものが広く売られていたという。

今日では残念ながらその名も実体も残っていないが、池田文痴菴の『日本洋菓子史』なる書によれば、売り出し元は日本橋橘町の大坂屋平吉といわれ、「ズボートウは痰に妙なり」と宣伝してなかなか人気を得ていたようだ。これについては大槻磐水の『蘭説弁惑』なる書に、「ずぼうとうは本名「どろっぷ、すうとぼうと」といふ、又「どろっぷ」とのみもいふなり、「すうとぼうと」は甘草の事なり、此もの甘草を煎じつめて、膏となしたるものなり、「すうとぼうと」を「すぼふとう」とあやまれるなり、痰飲諸症、凡て胸膈をゆるめるしるしあり」と記されている。同時代、甘いものにはおおむね〝糖〟の字を当てて表現する習慣があったが、そうするとズボートウのトウも有平糖や金米糖と並べてのたくみな語呂合わせだったのではないか。

しかしてその実体は英語によるスウィートなのか。とするとすうとぼうととはスウィート・フードとでもとらえたらいいのか。オランダについて書いている書で本名としているところにいきなり英語を当てはめるのも唐突だが、これについては単に国の識別がよくなされていなかっただけのことと解釈しておこう。

いずれにしても甘草を煎じて冷し固め、キャンディー状にしたもので、いみじくも同書で述べているどろっぷの呼称を信じてよいかと思う。のどにもよいとされているゆえ、まあいうなれば昨今流行りのハーブ・キャンディーといったところであろう。

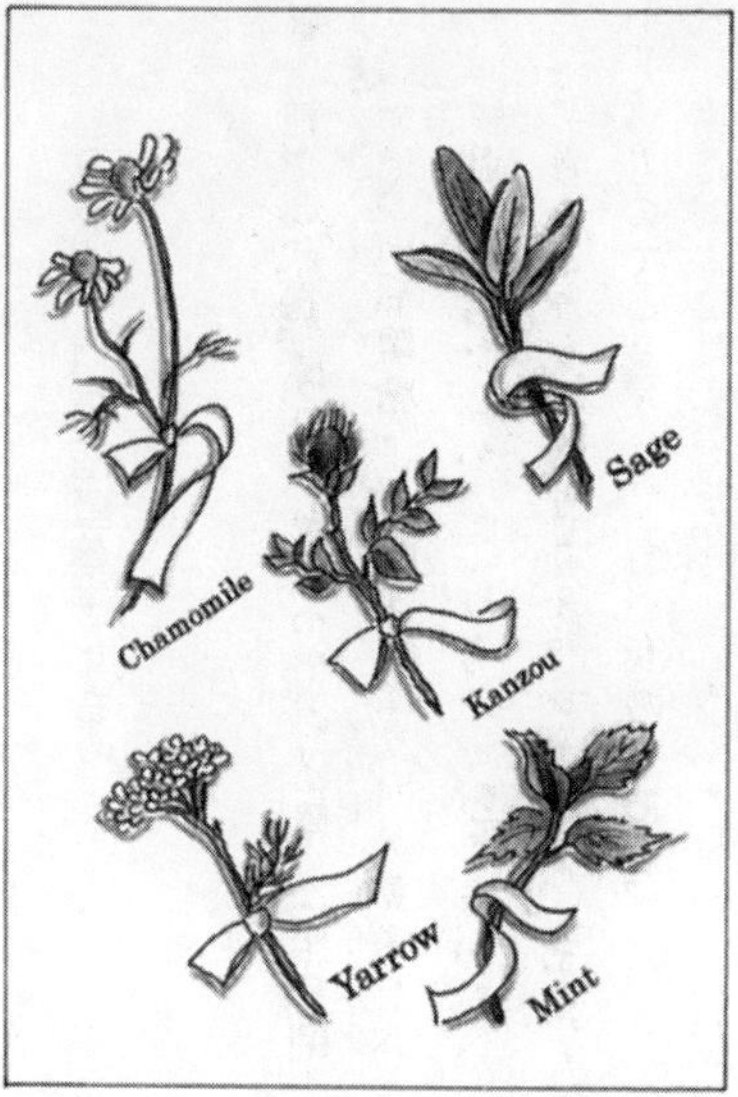

コラム　幻の南蛮菓子たち

江戸時代後期の作家・大田南畝《なんぽ》（別に蜀山人、四方赤良《よものあから》の号を持つ）の随筆『半日閑話』に、粟焼きぐらいの大きさの胡麻入り煎餅で、「福輪糖」と称するオランダ菓子があり、これがたいへんうまい、とある。実物伝わらず詳細分からないが、これもおそらくほかのお菓子同様それに似た語の音訳かと思われる。それに近いオランダ語なりオランダ菓子、あるいは他国のお菓子にそれらしきものはないものか。いずれ探り当ててみたいものである。

また同書にはそのほか、霙糖《みぞれとう》又あんけらこんけら糖といったものについても述べているが、前者にあってはこれを三国一とほめ上げて、「こりり、あまい、あまい……」と歌いながら、壺を肩から提げて売り歩いていた様を記している。みぞれ糖というもの自体もよく分からないが、あんけらこんけら糖もそれにも増して見当がつきかねる。ただ大変調子のよい響きの言葉であり、何かにひっかけて売りやすいネーミングにしたのかも知れない。

その他、先にあげたいろいろなものの中で、あくまでも当て推量の域を出ないヲベリ

ヤス、コスクラン、チチラアト、ケサチヒナの類、さらにはパアスリ、ヲブダウス等、いくら頭をひねってもいっこう解明の手がかり見出せぬものまで、まだいくつかの謎を秘めたものがある。それらも含めて南蛮菓子といわれたものはさまざまな形で広まり、もてはやされ、またそのいずれかがいつしか人の口の端にのぼらなくなり、人々の記憶からすっかり消えていった。

しかしそれらはその時代たしかに存在していたのだ。そして人々に遥かなる西方の香りと夢と歓びを与えていたのである。

フランス

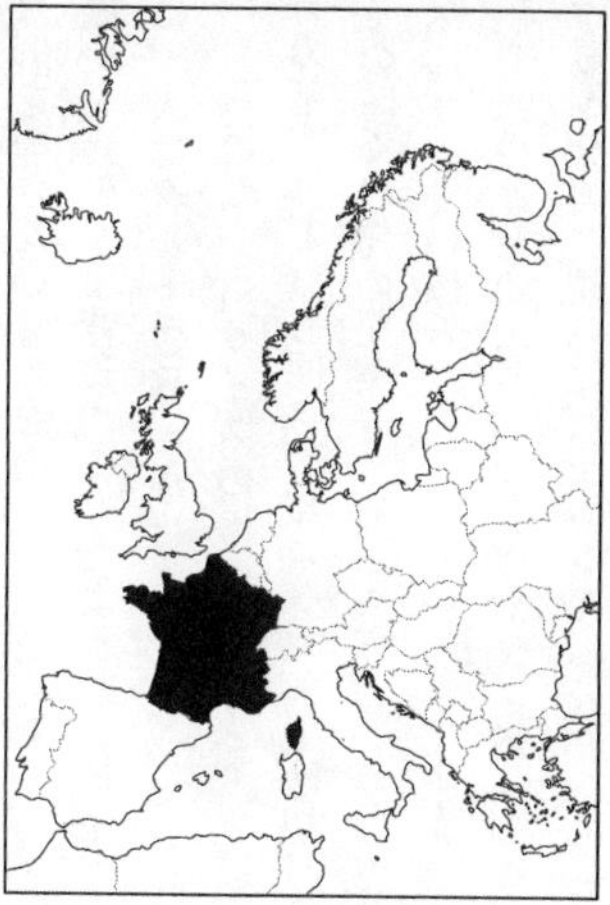

第17話　タルト

食べられる器においしいものをのせて器ごと……。フランス菓子の醍醐味のひとつである。この名の起りは古代ローマ時代のパイ菓子（皿状のお菓子）の一種のトゥールト tourte に由来し、さらに遡れば古代ギリシャ、古代エジプト時代にまでおよぶ。器に何かを詰めるという手法は、いってみれば形をなさないものをひとつにまとめ上げるというもっとも古典的な方法であり、食文化の歴史をそのまま背負ってきたようなお菓子といえる。

フランスに伝えられ開花したそれは、大はタルト tarte、小はタルトレット tartelette、さらに小さくプティ・フールとしてつくられた一口サイズのものはタルトレット・フール tartelette four と呼ばれるが、作り方の基本はどれも同じ。ビスケット生地やパイ生地で作ったお皿状の台にクリームを絞り、その時々の旬の果実等をあしらう。一見なんの難しさもないようだがそこはそれ、さすがに味にうるさい彼らだけにいろいろと工夫をこらす。

まずは具に合わせてクリームの種類や味つけを変える。いちごやラズベリーなどの場合にはキルシュ（さくらんぼから作ったブランデー）風味に、マロンやレーズンならラム風味、くるみはコーヒー味、何には何。そしてそれらのバランスを踏まえて下の器の配合も自在に変化。カシスのように酸味が効けば甘みを強く、具を強調すべきなら味付けは控え目に。さらに台の上にはわざわざそんなことをしなくてもいいのに、ほんの少々アーモンドクリームを絞って焼いて隠し味となす。こうするとほのかにひと味違ってくる。

世にいうフランス菓子のこだわりとおいしさのヒミツが、たかがタルトひとつにも凝縮されている。

第18話　ムース

現代は飽食を通り越して過食の時代といわれている。おいしいものはもっと食べたい。でももうお腹はいっぱい。そんな時には、より軽く口当たりよく、胃に負担をかけないものがいい。そうした要望を満たしてくれるのがムースと呼ばれるお菓子の一群である。ムースとはフランス語で泡の意味。すなわち気泡をたくさん含んだケーキ類で、これならいっぱいのはずの胃袋にもさらにひとつやふたつは収まってしまう。

さて、お菓子大国フランスに、アントナン・キャレーム（一七八四―一八三三年）という人がいた。十八世紀末から十九世紀にかけて活躍した、お菓子作りの神様と謳われた大巨匠である。

彼の残した手引き書には、すでにいくつかのムースが記されている。彼がターゲットとしていたのは王侯貴族で、いわば過食飽食の富裕階層。「予は満腹じゃ」、「もう入らないわ」という人たちに、「ではかようなものを」と供したのがかくいうムースの類である。時移れど状況変わらざれば、求めるものもまた変わらじ。商品開発のヒントも実はこんなところにあるのでは。

ところでものごとにはなべてきっかけというものがある。昨今のこのムースブームについても例外ではない。

ミッテランが大統領となり、フランスに社会主義政権が誕生した時がそれ。彼は労働時間の短縮をうたって当選した。ところがお菓子屋というものは少量多品種という、いってみれば効率の悪い職業の代表のようなものである。時間短縮は働く側にとっては喜ぶべきことであろうが、正直いって仕事にならない。人間困れば考える。彼らは試行錯誤の末、急速冷凍の技術に着目し、ショックフリーザーの導入に活路を見出した。通常の緩慢凍結の場合、お菓子の中に含まれる水分は次第に寄り集まって、大きな水滴になったところで凍結する。したがって解凍時には大きな結氷が溶解するためにまわりの組織を侵し、たん白の老化を促進させてしまう。これがいわれるところの、〝冷凍ものなんか食べられるか〟の不信を生んだゆえんである。

ところがマイナス四十度程の冷気を吹きつけて瞬時に凍結させると、お菓子の中の水滴は寄り集まる間もなく微粒子のまま凍ってしまう。解凍にあってもそのままフッと戻せば、元通り。できたてをタイムストップしてしまうわけで、なまじ前日とか早朝に作ったものよりも、作り置きの方が鮮度が良く、お客様に対してはこの方がより親切ということにもなる。

たとえば毎日少量ずつ三十種類作っていたのを、一日に五種類、それも一週間分をまとめて作ってショックフリージングする。そして必要量をそこから取り出して店に並べる。こうすることによってフランスのお菓子屋は手間のかかる少量多品種生産のシステムを解消し、労働効率を上げて労働時間の短縮に対応していったのだ。そしてその急速凍結に最も適した素材がムースだったというわけである。

飽食の時代、いずれは求められたであろう軽い食感のムース類は、こうしてミッテラン政権誕生を機に、一気に広がっていった。文化というものはいろいろなことによって織りなされてゆく。食文化といえども政治経済と無縁のものでは決してない。ただ気になるのは日本のお菓子屋さんだ。パリに行けばみんなムースだ。そうか今はこれなのかと、ことの起こりも状況を把握する間もあらばこそ、遅れてならじと列島の甘い物屋が瞬時にムース一色に。ホントはその裏にいろんなことがあったのに。

第19話　シュー・ア・ラ・クレーム

英語圏を旅行中、お菓子が食べたくなってホテルのボーイさんに「シュークリーム」と注文したところ、持ってこられたのがなんと靴墨。よく起る実際の話である。あれはフランス語のシューに英語のクリームをくっつけちゃった和製外国語。シューはキャベツのことで、ボコボコッと膨らんで焼けた形がそれらしいとして、クリーム入りのキャベツと呼ばれた由。

ところであれはどうしてあんな形に？　いつ頃だれの手によって？

膨れる要因は水蒸気にある。お餅を考えれば分かりよい。ただお餅なら膨れるだけ膨れたら割れてプシューと縮んでしまう。ところがシューの場合は、粘りのある小麦粉のルーが水蒸気による膨張を弾力を以て受けとめ、ちょうどよく膨れ上がった時にタイミングよく、中に含まれている卵が焼けて固まり、結果、中が空洞のなんとも不思議な生地ができ上がる。こんなことはだれも最初から考え計算してできるわけがない。思うにあれはそもそも何かの料理用のタネだったのではないか。ある時それらしいものを作っていて余っちゃった。かといって捨てるにはもったいない。そこでテンパン上に適度な大きさに絞り出すなりスプーンで置いて焼いてみた。妙な形にプーッと膨れて固まった。中はカラッポ。ならばとクリーム類を詰めてみた。どうもそんなプロセスででき上がったのではなかろうか。

ではそのルーとはなんだ。独断お許し頂けるなら、カスタードクリームの初期のものが怪しい。フランスの古い文献でフランソワ・ピエール・ド・ラ・ヴァレンヌという人が書いた『フランスの菓子職人』という本がある。一六五五年に著したものだが、そこにクレーム・パティスィエールすなわちカスタードクリームについての記述がある。ところが不思議なことに材料に砂糖が含まれていないのだ。つまりそれは現在われわれがいうカスタードクリームとは異なり、お菓子というより料理的なものを目的としたものだったようだ。実際に再現してみるに、でき上がりはクリームというよりもルーといった方がよい状態のもので、まるでシューそっくりになる。もちろんこれはそのまま焼いても卵にすでに火が通っているために大きく膨れることはない。が、ちょっと手順をかえて、つまり火を止めてから卵を混ぜて焼くと、まさにシューができ上がる。

ついでにもうひとつの推理。俗にホワイトソースと呼ばれるソース・ベシャメルもにおう。あれはバターと小麦粉で作ったルーを牛乳でのばしたもので、卵は入れないのだが、それは後で変化した結果かも知れない。ためしに前述の十七世紀のクレーム・パティスィエールに牛乳を加え、塩、胡椒で味つけをするとソース・ベシャメルらしきものに変身してしまう。

ちなみにこのソースは十七世紀半ば、ルイ十四世の給仕頭の地位についていたルイ・ド・ベシャメイユ侯爵によって作られたといわれる。年代的にも『フランスの菓子職人』と一致する点に興味がそそられる。となると、同書にあるクレーム・パティスィエールなるものが、現在のカスタードクリーム、ソース・ベシャメル、およびシュー生地といったすべてのルーツであり、間違いやアレンジも含め、用途により時に従いそれぞれに変化していったのかもしれない。

おおむね十七世紀半ばから、現代のお菓子や料理の基礎が固まってきたという周囲の状況を考えた上で、かよう大胆な憶測を試みてみたが、真相ははたしていかがなものか。

第20話　プティ・フール

あまたあるフランス菓子の中でも、とくにかわいらしさを代表するもののひとつである。プティ petit とは小さい、フール four とはかま。すなわち「かま（オーブン）で焼いた小さなもの」の意味だが、かまで焼かないものまで含めて、小さな一口菓子を指すようになった。

天才製菓人アントナン・キャレームによれば、「このお菓子は、最初大型のアントルメ（九五―九六ページ参照）を焼いた後、温度の下がったオーブンで焼いて作った」とある。そして「乾いた焼き菓子と、糖液で被覆したものの二種類のほかに、果実やマジパンなどを糖衣したものが含まれる」と定義している。

ご存知のようにあちらはパーティー好きの国だが、そうした際ご婦人方が召し上がる時に、大きなものでは食べにくいということで作られた、いわば口元を汚さず、口紅を落とさないための発想で作られたという。

今日いろいろなタイプのものがあるが、歴史を調べると、一五三三年にイタリアの名家メディチ家のカトリーヌ姫が、後にフランス王アンリ二世となるオルレアン公に嫁ぐ時に、パリに伴ってきたフィレンツェの菓子職人たちが、多くのプティ・フールの技術をフランスに持ち込んだことが注目される。ビスキュイ・ア・ラ・キュイエール（フィンガー・ビスケット）などもそのひとつである。

その後マカロン、ムラング（メレンゲ）から作ったロッシエ、マジパン菓子、焼いたシュー菓子などが加わり、種類が豊富になっていった。そして一八二三年にはフォンダンが初めて作られ、プティ・フールの艶出し等に変化がつき、ますますヴァリエーションが豊かになっていった（フォンダンとは糖液を結晶化させたもの。和菓子では同じものをすり蜜という。石ごろもの上がけに使われているアレである）。

それにしてもこのお菓子、実にかわいいもので、華やかなパーティーを演出するには格好の品。また量少なくしておいしいものを数多く食べたいという、ちょっぴりぜいたくで欲ばりな方にもうってつけである。

第21話　クレープ

crêpe。フランスを代表するアントルメのひとつ。流動状のタネを薄くちりめんのように焼いたものである。

パリでは多くは街角で、ほんの一坪ほどの囲いを作り、ジャムや粉糖をふりかけて道行く人に供されている。大西洋岸のブルターニュ地方に行くと、ここはクレープの名産の地とされ、街中にクレープリーと称する店があり、メニューも豊富に揃っている。甘いものからチーズやハム、ソーセージ等を入れたものまで、ざっと数十種。パリのような立ち喰いもないことはないが、ここではちゃんと座ってのレストラン風が主流となっている。

語源的には中世の英国のクレスプ cresp、またはクリスプ crisp から転じたとされるもので、フランスでは別にパヌケ pannequet とも呼んでいる。これはパンケーキに通じる言葉である。

クレープの歴史を振り返ると、十六世紀頃に始まったといわれ、二月二日の聖母マリアお清めの日に焼いて供されていたことが発端とされている。この日は聖燭祭とも呼ばれ、信者たちがキャンドルに火をともして行進する行事が行われる。

こうした宗教的な意味あいから発展して、今日この日は遊びの要素が大きなウェイトを占めてきた。当日フランスでは、このクレープで運試しが行われる。まず左手に金貨、右手にフライパンを持つ。そして焼けたクレープを空中高くほうり上げる。それをうまく元のフライパンに戻すことができたら、この年は幸運が訪れ、またお金に困らないとされる。うまくいかなかったらどうなるって？　なあに、もう一度やればいいだけのこと。

第22話　クロカンブッシュ

croquembouche。ひと口サイズのシューを積み上げたフランス独特の飾り菓子である。この手のものはちょっと他国には見当たらない。そしてフランス人が大好きなもののひとつでもある。なんとなれば当節いろいろな国際的なコンクールや催しがあり、お国自慢の品をというと、彼らは必ずといってよいほどこれを手がける。思い入れの深さがしのばれる。

まずヌガー（煮詰めた砂糖にアーモンドを混ぜ、固めたもの）を成形してすてきな飾りの台を作る。そしてその上に、煮詰めた糖液を接着剤としつつあめがけした小さなシューを円錐形に積み上げ、あめ細工の花やドラジェ（アーモンド等を糖衣したもの）で飾る。用途としては、結婚式や婚約式のほか、日本では宗教の関係上なじみが薄いが洗礼式、聖体拝領といった多くの儀式に、それに合わせた人形などをのせて使われる。またその他の各種パーティーや催し事の席におけるもっともオーソドックスなディスプレイ用として幅広く用いられている。

積み上げるシューの高さはシューの数によって決まり、その数は列席者一人につき三〜四個が基準となっている。そしてセレモニーが終わったあと、はさみでバリバリ切り分けて配

られる。あちらの結婚式では花嫁さんが頭から白く長いレースを被るが、式が終わるともったいなくもはさみでジョキジョキ切ってしまう。そして切り分けたそれを列席者に配る。クロカンブッシュもそれと同じで、やはり喜びを分かち合うということなのだ。

作るのは大変だが、こわして食べるのは一瞬である。製菓人はその一瞬のために精魂を込める。

第23話　シャルロット

charlotte。大型のデザート菓子で、その形がリボンやレースをあしらったボネット調の婦人帽シャルロットに似ているところからこの名がつけられた。

シャルロットには本来冷たくして供するものと温かくして供するものの二種類があるが、今日ではシャルロット・リュス（ロシア風シャルロット）と呼ばれる冷たい方が一般的になっている。温かい方はフルーツ主体で、りんごを使うシャルロット・ド・ポンムや杏を使ったシャルロット・ダブリコ、桃を使ったシャルロット・ド・ペーシュなどがある。これはロシア風より先に作られたというが、共に先に紹介したアントナン・キャレームの手によるとされている。

さてロシア風の方だが、これはフィンガー・ビスケットで作った器にバヴァロワを流し入れ、冷し固めたもので、キャレームがロシア皇帝との縁で作ったためにロシア風と呼ばれるようになった由。彼はナポレオン戦後にパリに入城してきたロシア皇帝の接待役を果したり、またその際おおいに気に入られて、後にロシアに招かれたりもしている。そうした折のどこかでこのお菓子がひらめいたか、あるいは手がけたかしたものと見える。あるいはノスタルジーがからんでのことかも知れぬ。なお彼は自らの著書『王室の製菓人』の中で、「私がパリに店を構えている時に思いついたもので、最初に作ったものは警察長官と外務大臣の家に届けた」とも述べている。また彼の著書にたびたびシャルロット・ア・ラ・パリジエンヌという名前が出てくるが、これはロシア風と同じ製法で、自分がつけた名前であるともいっている。

キャレームの手になったものが、今なお美食家の心をとらえて離さない。世に天才製菓人といわれるゆえんである。後世に名を残す、どんなことにせよ大変なことである。

第24話　バヴァロワ

bavarois。軽く泡立てた生クリームと卵黄、砂糖を混ぜて、ゼラチンで固めた冷製アントルメである。

果実や洋酒を変えることでさまざまなヴァリエーションをとることができる。

歴史をひもとくと、古くはフロマージュ・バヴァロワと呼ばれていたとある。フロマージュとはチーズのことだが、決してチーズ入りのお菓子というわけではなく、流動状のタネが固まった様子がまるでチーズを思わせるところから、こう言われたのであろう。

起源はその名が示すとおり、ドイツのバヴァリア（バイエルン）地方にあるというが、はっきりと断定はできていないようだ。一説ではバヴァリア地方の大富豪の家で腕をふるっていたフランス人の料理人によって作られ、命名されたものであろうとされている。

しかし昔作られていたものは今とはかなりちがった製法であり、卵黄は使わずゼラチンだけで生地をつないでいた。なお十九世紀あたりのものを再現すると、甘味が非常に強く、およそ今日の三倍量の砂糖を使っている。当時貴重品であった砂糖を存分に使ったぜいたく品であったことが分かる。なにしろ砂糖水でさえごちそうだった時代である。甘ければ甘いほどおいしかったのだ、その頃は。

またゼラチン量についても二〜三倍となっている。当時は冷蔵設備がなかったから、これくらい入れないと形が保てなかったのか。いや待てよ、これはゼラチンの質の問題ではないのか。今のものほど完成されていなかったがために、これくらいでないと効き目が表われなかったんじゃないか。筆者、物書きの習性ゆえか、ついついいろんな角度からいろいろな見方をしてしまう。

そこでまた再々考。今のバヴァロワとかゼリーに使うゼラチン量は、水分量のおよそ三パーセントほど。当時夏の室温で溶けるぐらいをよしとしている。が、当時はそんな頼りないものは好まれず、ブリンブリンのものが好きだった。ホントはこんなところだったんじゃなかったのか。味覚食感の基準や常識なんて、時代によってコロコロ変わるものゆえ……。

バヴァロワひとつにも思うことさまざまである。

第25話　ブランマンジェ

blanc-manger。「白い食べもの」という意味の、ゼリー状またはバヴァロワ状のデザート菓子である。石のローラーでアーモンドをすりつぶすと、ポチッとほんの少し白い液が採れる。アーモンドミルクと呼ばれるこれを使って作るのが、かくいうブランマンジェ。同じような方法で作られるものに、中華料理のデザートに出てくる杏仁豆腐《アンニンドウフ》がある。中国もアーモンドを産するゆえ同様のものができても不思議はないが、別々に発生したものか、東西のいずれかから伝わったものか、興味がもたれるところだ。

史実をたどるに、十四世紀の手書きの羊皮紙文書に blamenser の語が見られるところから、今様のデザートの元になるものの存在はかなり遡るようだ。

フランスのグリモ・ド・ラ・レイニエール Grimod de la Reynière という美食家によると、この起源はランドック地方にあるといい、またモンペリエという町のたいそう素朴な料理女たちがすばらしいブランマンジェを作る。そしてパリで作られるもので口に合うものはめったにない、ともいっている。さらにこれを作るのは大変に難しく、旧体制下でもほんの数人の料理人しかたくみに作ることができないといわれていたため、われわれは革命以来そ

の秘訣が失われてしまわないか心配している、と述べている。

また天才製菓人キャレームはその著書『パリの料理人』の中でこう述べている。「このすばらしいアントルメは大いに美食家たちから評価されているが、そのためには充分白く、口当たりもよくなければならない。めったに兼ね備えることのないこのふたつの特徴により、ほかのクリームやゼリーより人々に好まれるであろう。これはアーモンドが滋養に富み、その苦みを和らげるに適した多くの油分と香りを含んでいるためである」と。

今日白くするべく手軽に牛乳や生クリームを固めて作っているが、やはりきちんとアーモンドを使って作らねば本物ではないようだ。ところで、キャレーム自身はチョコレート入りやコーヒー入り、いちご入り等のものを作っている。当然褐色やピンク色の、白くない「白い食べもの」になってしまう。が、彼はそんなことにはこだわらない。本質さえ見失わなければと、名称にしばられることなく自在に美味を追求するところに彼の天才性がある。几帳面な日本人ではこんな発想はとてもできない。否、できたとしてもそれはニセモノと一笑に付されてしまいそうだ。何ごとも名人なら許されるという、このあたりがむずかしいところでもある。

第26話　ガレット・デ・ロワ

ガレット galette とは円形に平たく焼いたお菓子の総称である。お菓子の形態としてはもっとも古く、新石器時代の頃に、砕いた穀粉などを水や動物の乳などで溶き、熱した石の上にのせて焼いたのが始まりという。

今日この語をつけたお菓子はたくさんあり、クレープなどもその一種だが、ここではガレット・デ・ロワ galette des Rois というお菓子をご紹介しよう。

王様のガレットという意味で、一月六日の主顕節（公現節、エピファニー、三王来朝の祝日ともいう）に食べるものである。この行事に際して作るお菓子は土地によっていろいろな形がある。

ちなみにパリ地方のものはアーモンドクリームをパイ生地で包んで焼き上げる。クリームの中にはフェーブ fève（そら豆）と呼ぶ陶製の小さな人形を忍ばせておき、切り分けた時にこれに当たった人はその場で男性なら王様、女性なら女王様になって、紙製の王冠をかぶり、周囲の祝福を受ける。

口伝によれば、三人の博士が東方の自国において巨大な赤い星を見つけた。それは救世主

フェーブ

のお生まれになったしるしであるとの言い伝えにより、らくだにのって旅を続けた。夜毎星を追い続けると、十二日目の一月六日にベツレヘムの馬小屋の真上に星は止まった。三人の博士はイエス・キリストにまみえ、黄金、乳香、没薬《もっやく》の三つの宝物を捧げた。

これによって人々に主の降誕が知られるところとなり、公に現われるで公現節、主が顕われるで主顕節と呼ばれるようになった。また旅に十二日を要したことからトゥウェルフスデイともいっている。

なお加えるなら、正式には一月六日だが、近年はマリア様の日とされる一日を除いた、一月二日から八日までの間のいずれかの日曜日にそのお祝いが行われている。家族が揃う日に合わせているようだ。

フェーブについては、その起源古代ローマ時代にまで遡る。

ローマでは投票にそら豆を用いており、また収穫祭でもくじでそら豆を引いた者が王様になるという習わしがあった。後にキリスト教が広まった時、この習慣が主顕節のお菓子に引き継がれ、そら豆はキリストを表わすという意味で、その中にもぐり込んだ。あるいはキリスト教徒がこれらの習慣を意図的に認め、包括した形で取り入れて布教を進めていったといった方が的を射ているかも知れない。

しかし今から約百五十年前、その考えがあまりに冒瀆的であるということで陶製の人形に替えられた。

今日では宗教的な面影よりお菓子を食べて楽しむ方が強く、フェーブも宗教的なもののほか、動物や抽象的なもの、あるいはまったく遊びの形、テニスのラケットやヨットを模したものなどが使われている。

宗教心の稀薄化は現代人共通のことのようだが、それはさておき年末年始のあちらのお菓子屋は忙しい。何しろクリスマスケーキを求める人ほとんどがこのガレット・デ・ロワも求めるのだから大変だ。作り手には頭が痛く、経営者には笑い止まらぬ習慣である。

日本ではいかがなものか。フェーブが異物混入でないことを知らしめるまでが一苦労、何かあったらタダではすまぬゆえに……。

第27話　マドレーヌ

madeleine。貝がら形をした半生タイプの大変かわいらしいお菓子である。マドレーヌという名前も愛らしい。それだけにこれにまつわるいわれや逸話も数多い。

ラカンという人の『パティスリー覚え書き』によると、ナポレオン時代、タレイラン公のもとで働いていたアヴィスという偉大な製菓人によって作られたとされているが、別説ではこれよりはるか以前に作られていたという。初めの頃マドレーヌの作り方は長い間秘密にされていたが、その製法はある時ロレーヌ地方ムーズ県のコメルシーという町のお菓子屋に非常に高い値段で売られた。買った彼らはこの美味なお菓子を自分たちの町の名物にしたといわれている。

またさらにアレクサンドル・デュマの『大料理事典』では、発明者はコメルシーの町でコックをしていたマドレーヌ・ポーミエという人だと特定している。

そのほかルイ十五世の義父である元ポーランド王スタニスワフ・レシチニスキー（フランスでの呼び名はスタニスラス・レクチンスキー）付きのある女性料理人考案説等もある。

エピソードはいくつあっても楽しいもので、ヴェールに包まれていればいるほど好奇心をそそられる。ただ諸説を見るに、やはりコメルシーを発祥とするものが有力なようで、事実今もその地ではマドレーヌをご当地名産としており、大いに親しまれてもいる。

なお、貝がら形については発祥当初からのもののようだ。古くよりスペインの大西洋岸にあるサンチャゴ・デ・コンポステーラの大聖堂への巡礼が盛んだったが、その巡礼者たちがほたて貝の殻を携帯用の食器として持ち歩く習慣があったそうで、それを引き継いでいるといわれている。

第28話　ブシェ・ア・ラ・レーヌ

bouchée à la Reine。「女王様用の一口の召し上がりもの」という名の、パイ生地で作ったお菓子や料理である。

いずれの時代どの権力者にも見られることだが、ルイ十五世にもご多分にもれず多くの愛妾がいた。なかでも名高いポンパドゥール夫人は、その美貌と才覚により、とくに王の寵愛を受けていたといわれる。正妻であるマリー・レグザンスカはこの第一の愛妾に対し、激しい嫉妬の炎を燃え上がらせる。妻として、夫である王を少しでも長く自分のもとに止めおくべく、料理ひとつにも数々の趣向をこらして対抗した。この確執を知る実父のポーランド王であったスタニスワフ・レシチニスキーは、娘にできうる限りの支援をする。彼は自分付きの料理人に命じて作らせた、パイ生地の器にソース・ベシャメルなどを詰めたヴォローヴァン vol-au-vent という料理を彼女に伝えた。マリー・レグザンスカはそれをもって王を引き止めようとするが、やはりそれも無駄な努力に終わる。たった一人の楽しからざる食事をとる彼女は、自分一人ではこれはあまりに大きすぎると、料理人に命じて小さな一人用のものを作らせた。こうしてでき上がった小さなヴォローヴァン、それがブシェ bouchée である。

ブシェとは「一口」の意味。そしてこれに山海の美味を加えたソース・ベシャメルを詰めたものがブシェ・ア・ラ・レーヌ、すなわち「女王のブシェ」というわけである。今日ブシェはこうした料理用のほかに、各種のクリームやフルーツを詰めたお菓子としても多用されている。お菓子や料理にはいろいろな背景をもったものがあるが、中にはこんな悲しい物語もある。

第29話　ババとサヴァラン

baba と savarin。お菓子作りにはスポンジ生地やビスケット生地、シュー生地等いろいろなものが使われるが、発酵生地といって、パンと同様イースト菌の働きを利用して作るものもある。ババというお菓子をご存知だろうか。お酒入りのシロップに浸した大人向きのデザートとして古くより好まれているものである。その形がワインなどのびんのふたをするコルク栓（フランス語でブションという）に似ているため、ババ・ブションとも称されている。

出生やいわれについては諸説あるが、元ポーランド王スタニスワフ・レシチニスキー付きのシェフ、シュヴリオの作というのが有力だ。彼はクグロフという発酵菓子を作っていた時、新しい供し方として上からラム酒をふりかけて燃え上がらせる方法を思いついた。これはロレーヌ地方の宮廷で大変もてはやされ、そこではいつもスペインのマラガ産のワインがソースとして添えられたという。彼の主人のスタニスワフ王は千夜一夜物語の愛読者で、自分のお気に入りのこのアントルメに、その物語の主人公のアリ・ババの名前をつけた。その後、ストレールという製菓人がアレンジして、酒入りシロップに浸すことを考えつき、今日

にいたっている。

ところで同種のものにサヴァランというお菓子がある。これについては十九世紀中頃のジュリアンという人の考案と伝えられている。彼はババの生地にレーズンを加えず、リング形で作ってみた。また浸すシロップにも改良を加えて、ブリヤ・サヴァランと名づけた。ブリヤ・サヴァランとは当時の有名な美食家で、『美味礼讃』（正しくは『味覚の生理学』）という希代のこだわり本を著したことで知られている。その彼に敬意を表して命名されたこのお菓子は、後にただ短くサヴァランと呼ばれるようになったということである。つまりサヴァランというお菓子は、レーズン入りのクグロフのアレンジだったババの、そのまたアレンジだったわけである。

進化をとげつつ、それぞれもみな生き残っているというのもおもしろい。

第30話　ミルフイユ

mille-feuille。ミル mille とは「千」、フイユ feuille とは「葉」、つまり「千枚の葉っぱ」という意味になる。パイ生地とカスタードクリームを段重ねにしたお菓子である。上面には粉糖をかけたり、フォンダンをぬってチョコレートの線で矢がすり模様のデザインがほどこされたりする。日本でもかなりポピュラーなものとなり、ご存知の向きも多いかと思う。

パイ生地とは通称で、正しくはフイユタージュというが、この生地はバターと小麦粉を層状に折って作るもので、焼き上がった様《さま》がまるではらはらと散った落ち葉が重なったごとき状態になるところから、この名がつけられた。

ちょっと塩味を感じるこの生地と甘くとろけるようなカスタードクリームとのコンビネーションがまたすばらしい。ただ段々にしただけじゃないかといわれるかもしれないが、その単純なことを思いつくのが、実はすごいことなのだ。その人はルージェ Rouget なるフランス人製菓人であったという。そのことがあったからこそ、今もこうして彼の名が語り継がれ、書きしるされていくわけだから……。

作られ提案された時はよほど衝撃的だったとみえ、美食家として名高く、うるさ型としても知られたグリモ・ド・ラ・レイニエールは、「天才によって作られ、もっとも器用な手でこねられたにちがいない」と言っている。そして一八〇七年一月十三日、彼の編集する『食通年鑑』の発行元である食味鑑定委員会のもとに、ミルフイユは鑑定にかけられた。何でも鑑定団ならぬ美味鑑定団である。評決は「それをたとえるなら、幾重にも重ねられた葉のようだ」というものであった。

それにしても千枚の葉とは言い得て妙。われわれは一見単純なこの重ね菓子を、おそらく永遠に楽しむことだろう。その昔、まだフランスの言語も文化も、ましてやお菓子など、いまのようになじまれていなかった頃、これを「千枚漬」と解釈した人がいるという。笑うなかれ、けだし名訳である。もし、千枚漬をフランスに輸出せんとすれば、まさしく「ミルフイユ・ジャポネーズ」が適訳であろうゆえに。

蛇足ながら個人的な意見だが、これも千枚の葉なる同名の縁と、千葉県の県菓としてみてはいかがかなどと、ちらっと思ってもみたりした。フランスからクレームがつかねばの話だが。

第31話　ブリオッシュ

イースト菌の発酵を利用して作ったものにブリオッシュ brioche がある。パンといえばパン、お菓子といえばそうもいえる、いわば中間的な存在のものである。

ヨーロッパでは早くからギルドという職業組合が発達し、社会を構築していた。このブリオッシュも実は、昔からもめごとの種になっていたようだ。発酵させたものだからうちのものとパン業者がいえば、いや卵やバターの含有量が多いからお菓子だと製菓業者が主張する。どこかで手を打ったのだろう、今ではどちらでも扱っているが、こうした例はいくらでもあるようだ。

呼び名や形のルーツを探ってみると、十七世紀に誕生したようで、初めの頃はバターではなくブリー・チーズを使っていたといわれる。またオッシュについては、古代ペルシャで親しまれていたオッチという大粒のいちじくの形に似ているところからきたようで、このふたつが合わさってブリオッシュになったとの説がある。またこれとは別に次のようなものも。

ひとつはパリの有名なポン・ヌフという橋の上でおいしいパンを売っていた人がいて、彼の名がジャン・ブリオッシュ。ふたつめは、サン・ブリウ Saint Brieuc という町の人たちをブリオシアン Briochiens と呼ぶが、そこの製菓人たちに関係があるというものである。

もう少し時代が下がると、ブリオッシュについて、次のようなエピソードも伝わっている。ルイ十六世妃のマリー・アントワネットが、「市民はパンがないと騒いでいます」の側近の声に、「パンがなければお菓子を食べればよいではないか」と答えたというまことしやかな話が伝わっているが、そのお菓子とは、実はブリオッシュだったのだそうだ。当時の日本ではブリオッシュがまだよく認識されておらず、訳者が困った末、ブリオッシュもお菓子のようなものだからと、こう訳してしまったらしい。この訳からすると、いかにも贅沢三昧に暮らし、庶民の生活を思いやらない王妃像が浮かんできそうである。だが元の言葉を知ると、このアントワネット王妃、ちょっとした会話にも機知を含ませる頭のよい、かわいらしい人だったのではないかと思えてくる。

それはさておき、あまりの名（迷）訳であるがゆえに引っ込みがつかず、そのため現在もなお各書そのままのようだ。もしその話が本当であったなら、ブリオッシュも知れてきたことだし、もうこのあたりで王妃の名誉を回復してさし上げたいと思うは筆者のみか。

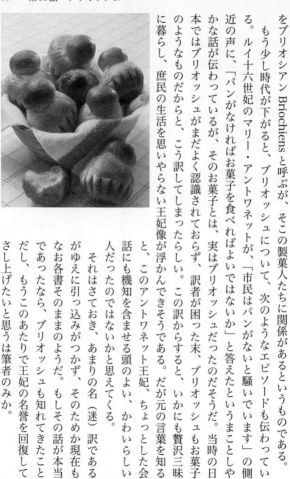

第32話　マカロン

macaron。原形ははちみつとアーモンドと卵白で作られていたもので、これらの材料の出合いから推測すると、数あるお菓子の中でも大変古典的な部類に数えられる。

早くよりイタリアで楽しまれていたが、フランスにわたって後、大きく花開くことになる。中世のヨーロッパは宗教の時代といわれるが、この流れを引いて明けた近世、政略結婚も含めて各国の交流や融合が促進されていった。

こうした時代背景のもと、マカロンの旅も始まる。まず、十六世紀にフィレンツェの名家メディチ家のカトリーヌ姫が嫁ぐ時に連れてきた製菓人の手によって、フランスにもたらされた。それを機にフランス各地で作られるようになり、種類の広がりとともに、それぞれの地で銘菓として評価を得ていった。十七世紀になると、ロレーヌ地方のナンシーNancyの修道院で作られるマカロンの名が人々の口にのぼるようになった。こうした修道女によって作られたマカロンを、人々はスール・マカロンsoeurs macarons、つまりシスターのマカロンと呼んで親しんだというが、今日でもナンシーのものはとくに著名で、多くの人々に愛されている。

また十八世紀に入ると各地の女子修道院でも作られるようになり、たとえばセーヌ河中流のムラン Melun の聖母訪問会修道院のマカロンも有名になり、わざわざそれを求めてフランス王室の皇太子御夫妻が修道院を訪れたという。

そのほか、時代を遡ると、マカロン・ド・コルメリ macarons de Cormery も名高い。これは大修道院コルメリに古くから伝わるもので、この修道院にだけ作ることが許されていたといい、おへそのような独特の形が特徴であった。その昔、シャルルマーニュ大帝に心酔していたお菓子職人のジャン Jean 兄弟（別説ではレ lai 兄弟）と、もう一人の男（姓名不詳）に、この独特のマカロンの製造が許されていたという。まことに美味であったためにその評判は高く、三人ではとても応じ切れないほどの注文が相次ぎ、それは、「一日に釜を三度いっぱいにする」ほどであったと伝えられている。また製造を許されなかったほかの製菓職人たちは、彼らに対してひどく嫉妬したという話も伝わっている。

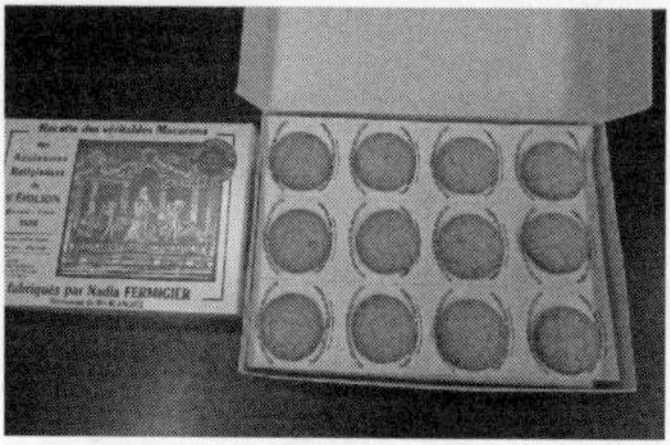

サンテミリオンのスール・マカロン

これらのことからも、お菓子文化の発展過程には、修道院のはたしてきた役割も決して小さなものではないことがよく分かる。それにつけても職人たちが嫉妬したというほどのマカロン・ド・コルメリ、たいそうおいしかったに違いない。

第33話　タルト・タタン

tarte Tatin。フランスという国は、さすがにお菓子大国といわれるだけあって、銘菓と呼ばれるものは数あるが、締めくくりにこのお菓子を取り上げよう。フランス版アップルパイとでもいうべきもので、広くそして長く愛されているりんごのタルトである。

その昔、オルレアネ地方のラモット・ブーブロンという田舎町にステファニー・タタンとカロリーヌ・タタンという名の姉妹がいた。こう書くとたいがいの方が勝手にイメージして、うら若くみめ麗しい乙女像を思い浮かべ勝ちだが、その実おばあちゃま姉妹であった。彼女たちは小さな旅籠屋を営み、そこにくるハンターたちに食事を提供していた。ある時デザートにりんごのタルトを作り、いざ焼き上がってオーブンから出そうとした時に、どうしたはずみかひっくり返してしまった。せっかく作ったのにと、がっかりしながら口に入れてびっくり。なんとも香ばしいすてきな味になっていたのだ。裏返しになってテンパンで焼けてしまったその表面がカラメル状になり、えも言われぬ風味がかもし出されていたのだ。以来このお菓子はわざわざ最初からひっくり返して焼き、タタン姉妹のタルトということでタルト・タタン、あるいはタルト・デ・ドモワゼル・タタン tarte des Demoiselles Tatin と呼ばれ、伝統的なフランス菓子のひとつとなり、現代に受け継がれている。フランス版「災い転じて福となす」とでもいったところか。なお、出す時にひっくり返したのではなく、パイ生地を敷くのを忘れ、慌てて後からかぶせて焼いたとか、あるいはりんごを炒めている時、焦げるような臭いがしたので、慌ててパイ生地をかぶせてフライパンごとオーブンに入れて焼いた等々、諸説あることも付記しておく。

コラム　デザート考

食後、デザートにお菓子を食べる——気分も胃袋も、妙に落ちつくものである。また「デザート菓子」なる言葉もあって、何を指すか不明確ながら世間に定着している。そこで改めてそのデザートなる語を検証してみることにする。

dessert と綴り、フランス語でデセール、英語ではデザートと発音する。ドイツ語でも同じ綴りでデセアーツと読んでいる（別にナーハティッシュ Nachtisch またはナーハシュパイゼ Nachspeise という言葉があるが）。語源は、食べた後の「皿を下げる」意のフランス語の動詞デセルヴィール desservir で、フォーマルな食の分野におけるフランスの影響力が偲ばれる。

現在、一般の解釈にしたがえば、デザートとは「一連のコースにあって、その終わりにサービスされるもの」となろう。ただし時代を遡れば必ずしもそうではなく、料理の中ほどで供されるものだったこともあったようだ。様式とは、時代によって常に変化するものである。

内容を見れば、チーズ、甘味アントルメ、果実がその範疇にはいり、いずれか省かれることも少なくないが、正式なディナーにてすべてが供される場合にはそれぞれの順も定められている。今日のサービス法ではコースの終わりにはまずチーズが出され、甘味アントルメがそれに続く。これが逆になることは決してない。そして最後にフルーツが供される。

チーズとフルーツはこの際おくとして、ここで問題なのはその「甘味アントルメ」である。

正確な訳語はないが、おおむね「生菓子あつかいをされるデザート菓子」と解されている。具体的にはプディングやスフレといった温製、バヴァロワやムース、アイスクリーム、シャーベットなどの冷製、あるいはタルトやプティガトー（小型菓子）・グランガトー（大型菓子）といった通常ケーキという言葉で表されているパティスリーなど、ほとんどのお菓子が含まれる。ことのついでに、アントルメという言葉自体についても調べてみた。

そもそもはロースト料理の後に食卓に出されるすべての料理を指す語であった。したがって昔は甘味のものに限らず、野菜料理なども含まれていたようだ。また語源をたどると、初めはまったく別のことを意味する言葉であったこともわかる。

アントルメ entremets とはアントル・レ・メ entre les mets つまり「料理と料理の間」という意味の語である。レ・メ les mets は最初「サービス」を意味したが、しだいにサービスする「料理」、あるいはそれをのせる「お皿」を表わすように変わっていった。

中世半ばのヨーロッパ上流階級の食卓の様式は、ローマ式の華やかな宴であった。時とともに贅《ぜい》を凝らしたものとなり、皿数が増えるにつれ、当然、時間もかかるようになる。料理と料理の間にいろいろなショーを行って盛り上げ、それをつなぐような趣向に発展していった。この「宴会の幕間」がそもそもはアントルメと呼ばれたもので、踊りや軽業師の妙技が楽しまれたということである。これが時が経つにつれてさらに変化し、いつしか食事の間というよりもその終わりにもってこられるようになり、ひいては最後に出される「生菓子あつかいをされるデザート菓子」を表わす言葉に置きかわっていったというわけである。

なお、デザート菓子をアントルメという枠を取りはらって広くとらえれば、焼き菓子はもとより、一粒のチョコレートや一片のクッキーさえもが立派にその一員に含まれる。

少々こみいっているが、デザート、デザート菓子、そしてアントルメという語の関係、なんとかお分かり頂けただろうか。

れた呼び

話を戻そう。

ピアの宝石といわれる

品が溢れている。アルプスを

いえば時計といわれるほどにデリケ

製

リスイスと

おいしくなければウ

中身がガナッシュと呼ばれる柔らか
い

コレートクリームのものだけを取り上げて、ト
リュフトリュフと大騒ぎをしてきた。本来いろいろな
形があってそれぞれみな味が異なり、選ぶ時にも思わ
ず指先を迷わせるのがチョコレート菓子の本領のは
ず。にもかかわらずの大狂騒曲に、あるべき姿を知る
者はおおいに面くらったものだが、その甲斐（？）あ
ってか、ともあれ日本も急ぎチョコレート文化圏の仲
間入りをした。でもスイスに行って食べるチョコレー
トはやっぱりおいしい。どこかが違う。

スイス

第34話　チョコレート

山と湖に囲まれたおとぎの国スイス。ここでは何はさておきチョコレートだ
い。

フランスではボンボン・オ・ショコラ bonbon au chocolat、ドイツ
Praline と呼ばれる一口チョコレート菓子である。ついでながらプラリネの名
てひとこと。

ルイ十三世（在位一六一〇―一六四三年）からルイ十四世に移る時代、元帥の
ル・プララン公爵（一五九八―一六七五年）は戦場の外でも数々の武勇伝で名
た。彼の司厨長クレマン・ジャリュゾが作ったナッツの砂糖がけが、列席の貴婦人
したのである。彼女等は公爵の周りに群がりお菓子の名を尋ねたが、彼はそこまで
なかったので、「名前はみなさまにおまかせしましょう」というと、列席者の
ーヌの声が上がった。これは公爵の名の女性形で、いかにも女性好きの彼にふさわし
ミングである。この糖菓がいつしかローラーで挽かれて香ばしいペースト
コレート菓子の中身《センター》の主要な素材となった。そしてそ
を指す語になってしまった。プラリネ、

第35話　エンガディナー・ヌッストルテ

Engadiner Nusstorte。どこ…地にもこれはという郷土のお菓子がある。どう好みが変化
しようと厳然としてあり続け…こがうれしい。

ところでそうしたお菓子…愛され続けるにはそれなりの理由がある。気候風土も
あろうし、宗教や故事…の場合もある。

スイスに表題のご…・ヌッストルテという大変長い名前のお菓子があ
る。くるみのヌガ…地で包んで焼き上げた、グラウビュンデン地方の
エンガディーン…そこは地図で見るとスイスの右端のやや下の方
で、スキーで…ジーナといった観光地、保養地が数多くあり、
良質のくる…山あり渓谷ありで、ちょうど日本の信州信濃
のあたり…ごはくるみはさしてなかったが、この地に
来たく…るみを使ってこのお菓子を作ったとこ
ろ、…なり、またこのお菓子も同地の銘菓と

…名なのである。
…プラリネと呼ばれるスイスの一口チョ
…所以である。何しろ国中が牧
…優れて空気あくまでき
…な作業

さてこのお菓子、やたら軽いもの指向の昨今にあって、久々に「食ったー」という気のする重厚にして存在感あふれるタルトである。こういうものをこそ大切にしていきたい。

第36話　バーゼラー・レッカリー

Baseler Leckerli。クッキーの一種で、スイスのバーゼル市の銘菓である。

バーゼルという街は面白い。地図上では同国の上の方で、フランスともドイツとも接している。スイスではフランス、ドイツ、イタリアの三ヵ国の言葉が、もうひとつのロマンシュ語とともに国語として認められているが、どの街でも地域によって大体主な言語が決まっている。たとえばジュネーブやローザンヌはフランス語、チューリッヒやルッツェルンはドイツに近いからドイツ語、ルガノあたりはイタリア語と。しかし、ことここに限っては市の名前自体も、ドイツ語でバーゼル Basel、フランス語でバール Bâle とふた通り。そして街中の標識もすべて二ヵ国語で書かれている。当然お菓子もアマンド・ショコラというフランス語名のものもあれば、バーゼラー・レッカリーなるドイツ語名のものも……。

そこでこのお菓子。はちみつや香辛料、フルーツ、ナッツおよび洋酒などを入れて焼き上げた、大変香ばしい、でもちょっとクセのあるそれが特徴のクッキーである。保存性が高く、贈り物には好適といえる。

もともとはレッカリーという名のお菓子だが、同市の名物ゆえ、地名も入れてバーゼラー・レッカリーと呼んでいる。バーゼラーとは説明するまでもなく「バーゼル風の」の意味。レッカリーについては、おいしいものという意味のレッカライ Leckerei の語尾を縮めてリーをつけたもの。スイスの方言では単語のうしろに li リーをつけると、「〜の小さいもの」の意味になる。フランス語でも語尾に ette とか lette をつけると、同様に「〜の小さいもの」を表わす語になる。似たような使い方である。よってバーゼルの小さなおいしいもの、すなわち、バーゼラー・レッカリーとなるわけである。

第37話　シュネーバレン

Schneeballen。スイスという国は驚くほど進んでいるところを持つ半面、非常に古典的な、というよりは土に根ざした人間臭さを感じさせる温かい部分も持っている。これは多分にその生い立ちによるところが大きいようだ。

歴史をたどると、ここは古くはハプスブルク家の御料地であった。それが一二九一年になるや中部三州が独立を企て、ついで北部の他の州の加盟も得て、一四九九年ついに共和国として独立を果した。今でもカントンと称する各州の集合体としての国家体制で成り立っている。いわばアメリカ合衆国のミニチュア版といったところである。後年、伝統にしばられない自由で進歩的な発想によるお菓子作りで甘き世界をリードするようになるのも、こうした建国以来のいきさつからくる革新的な気風によるものであろう。

ただすべてに新しいかというと、申したごとく、さにあらず。ハプスブルク家当時あるいはそれ以前からの古きものもしっかり引き継いでいる。

ここにご紹介するシュネーバレンもそのひとつ。決して今様ではないが、スイスの北の方からドイツの南部、オーストリアにかけて作られてきたお菓子である。ちなみにこれはドイ

ツ語名で、フランス語ではブール・ド・ネージュ boule de neige となり、共に意味は「雪の球」。練った小麦粉の生地を薄く延ばして帯状に切り、ごちゃごちゃっとからめてまるめて、茶こしをふたつ合わせたような型に入れ、油で揚げる。型の中でふくれて球状に揚がったそれに粉糖をまぶしてでき上がり。見てのとおりの雪の球である。

ひなびた山間部に生きてきた人々の素朴きわまりない生活が、そのまま垣間見られる、シンプルで飾り気のないお菓子である。でもそこがまたいい。

ドイツ

第38話　バウムクーヘン

Baumkuchen。ご存知のごとく切り口が木の年輪のように見える焼き菓子である。

昭和三十年代後半、百貨店に起こった名店街ブームとともにこのバウムクーヘンが燎原の火のごとく広がった。量産が利いて日持ちがして、こわれにくく配送にも便利と、日本中のお菓子屋さんが飛びつく。お中元やお歳暮はもとより、年輪を重ねたようでおめでたいと結婚式の引き出物に、はたまた駄菓子の類にいたるまでと、これなくしては夜も日も明けぬほどのもてはやされようであった。これほど高度成長期の流通改革の恩恵を蒙ったお菓子もなかったんじゃないか。お陰でこのドイツ語を知らない日本人はいなくなった。

このお菓子の作り方だが、芯棒に流動状のタネを流してかけ、グルグル回しながら火であぶって焼く。表面が焼けたら再びタネをかけ、これを何回もくり返して徐々に太くしていくわけである。手法としては串刺しにした獲物を火であぶるのと同じで、大変古典的なものといえる。足跡をたどると、古代ギリシャではすでに加工したもの、すなわちパン生地のようなものを巻きつけて焼いていたという。これこそが今日のバウムクーヘンの始まりであろう。

また時代は飛ぶが、十五世紀半ばになるとシュピースクーヘン Spiesskuchen なるものがでてくる。これは焼き串を用いて作るお菓子と伝えられている。しかしまだタネをかけて焼くというものではなく、ひも状の生地を棒に巻きつけて焼いていたようだ。さらに十六世紀になると生地を平らにのばして巻きつけるようになった。そして十七世紀末になって、ようやく流れる状態のタネを棒のまわりにかけて焼く形があらわれてくる。シュピースクラップフェン Spiesskrapfen とかプリューゲル Prügel と呼ばれるものである。ただ切り口にはまだはっきりとした年輪状の筋はついていない。

19世紀のレシピ本の挿絵（Johann Rottenhöfer, *Illustrirtes kochbuch*, 1851）

こうして少しずつ手が加えられて変化し、十八世紀になってようやく現在の形になってきた。この時期は砂糖をはじめ卵、小麦粉、バターといったお菓子の材料がある程度豊かに手に入るようになった時でもある。同時に作り方も工夫され、配合についても改良が進み、今あるドイツやルクセンブルクといった地域の銘菓といわれるまでに成長したのである。

ところで今日ルーマニアにクルトシュ・カラーチと呼ばれるお菓子がある。延ばした生地を棒に巻きつけて焼いており、焼成後、棒を抜き取って適宜な幅に切り売っている。なんとまさにバウムクーヘンの原点がシーラカンスのごとくそのままの姿で生き残っていたのだ。西欧とは異なる時の流れる東欧世界には、われわれの記憶の源にあるものが未だにしかと息づいている。

さて翻って現代、ドイツを訪れる邦人も多い。そしてお菓子屋さんに行けばたいていみなさんこれを求める。述べたごとくドイツ地方の銘菓には違いないが、かといってどこのお店でも作っているわけではない。ないが、度毎に請われれば扱わざるを得なくなる。しこうして今、ドイツではあちこちで改めてこれを作り始めている。日本人のパワーはすごい。でも言わせて頂ければ、もう少しほかのお菓子も知ってほしい。

第39話　レープクーヘン

Lebkuchen。ドイツのみならずゲルマン系の地域で広く親しまれているはちみつ入りのクッキーである。

香辛料が効き、ややクセのある味覚食感は、軽くてあっさりを好む現代日本人の口にすんなりとは合いにくいようだが、これは抱えている歴史の違いによるものといえる。われわれが旅先の旅館で一服の渋茶とともに味わう落雁《らくがん》にしみじみ感じ入ったり、京都のおみやげの八ッ橋を前に古都の想い出話に花が咲くと同様、彼らには彼らなりの歩んできた背景があって、その上にノスタルジーにからんだ味覚が育まれているのだ。ここに取り上げたレープクーヘンもそんなもののひとつなのである。

起源は古代につながりを持つが、この名が付されるようになったのは十四、五世紀といわれている。まだ砂糖がそれほど潤沢に使われていなかった時代からの直接の流れを引いたものので、いわば原始の面影を残した貴重な例といえよう。

このお菓子はとくに中世に進展を見た。中世は俗に宗教の時代といわれるが、それだけにキャンドル作りが盛んであった。数ある中でもはちみつから作るろう、すなわち蜜ろうで作

るそれは最上級品である。その過程では当然、副産物としてはちみつが得られる。結果これをもって修道院ではレープクーヘン作りが盛んになった。すなわちこのお菓子は驚くべきことに、菓子職人ならぬろうそく職人たちの手によっても作られていたのである。そしてこれは修道院や教会にくる巡礼者たちに、参拝記念として配られたり、スーヴェニア（お土産）として販売されたりしたという。その背景あってか、今にいたるも総体的には教会の模様や聖書にまつわるモチーフをデザインしたものが多く見られる。

そういえばドイツ語圏ではクリスマスに、ヘクセンハオス Hexenhaus という名の、お菓子の家が作られる。グリム童話の『ヘンゼルとグレーテル』で広く知られているものだが、これもレープクーヘンの生地を組み立てて作られる。

レープクーヘンの呼び名についてはいくつかのエピソードがある。このお菓子は、修道院ではリーブムLibumと呼ばれていた。ラテン語で「平らに焼いた」という意味で、これが転じてレープクーヘンになった、という説がある。また、スパイスなどを多く用いるために、体に活力を与え、生命をみなぎらせる力があるということでレーベンスクーヘンLebenskuchen（生命のお菓子）といっていたのが、レープクーヘンに変化したという説もある。

近世に入り、砂糖も入手しやすくなり、配合もいくらか工夫され、手が加えられ、昔よりはだいぶ食べやすくなったようだが、それでも当初の面影はしかと残している。歴史の生き証人のようなお菓子といえる。

第40話　シュトレン

Stollen。先にあげたレープクーヘンと並んで、ドイツおよびドイツ語圏でクリスマス菓子として親しまれているもので、「棒」という意味を持つ細長い形の発酵焼き菓子である。

記録によると十四世紀の初め、ドイツのドレスデンという町でこのお菓子の存在が確認されているが、多くの人々の口に接したのは十五世紀前半からである。こうした背景から今でもドレスデンの町の名物となっており、同地の名をとってドレスデナー・シュトレンDresdener Stollen あるいはキリストにまつわるものとしてドレスデナー・クリストシュトレン Dresdener Christstollen とも呼んでいる。なおドレスデンのほかにライプチヒのものも名高い。

はじめの頃の形は丸型だったようだが、いつの頃からか、オーブンの焼成効率を高めるために細長い形になっていったといわれている。またそれは、幼な子イエス・キリストを包んだ〝おくるみ〟の形になぞらえたものとの説もある。その他では救世主誕生の印とされる巨大な赤い星を追ってやってきた、東方からの三博士のついていた杖になぞらえてこの形になった、との説もある。ただそれにしてはずんぐりとしすぎてはいるが。生地にはレーズンをはじめいろいろなフルーツやナッツを混ぜ込んで作られるが、各地各店でそれぞれ工夫がなされている。たとえば油脂については、バターのみを用いてブッターシュトレンButterstollen（ブッターとはバターのこと）としたり、アーモンドを多用して、そのドイツ語を付してマンデルシュトレンMandelstollenとしたり、あるいはそのアーモンドをペースト状にしたマジパンを用いて特徴を出し、マルツィパンシュトレンMarzipanstollenと銘打ったり、ナッツ主体のヌッスシュトレンNußstollen、けしの実入りのモーンシュトレンMohnstollenと、数え上げたらきりがない。ことほどさように幅広く手がけられ親しまれているということである。

日本でも最近ようやく見られるようになってきた。まだよく探さないと見つからないほどだが、なんでも積極的に取り入れてきたこの国のこと、早晩どこでも入手可能な商品として扱われるようになるに違いない。お菓子屋さんの辛抱強い熱意とお客様の飽きない支持あっての上でのことだが。

第41話　シュヴァルツヴェルダー・キルシュトルテ

Schwarzwälder Kirschtorte。ドイツ語というのはアルファベットで読む場合にはそれほど難しいものでもないが、カタカナになおすとたんに難しくなる、という声が多い。これなどもいわれてみればなるほど、慣れぬ人には舌をかみそうな名前だ。

実体はさくらんぼをあしらったチョコレートケーキで、ドイツを代表する銘菓のひとつである。シュヴァルツヴェルダーとは、「シュヴァルツヴァルト地方の」という意味で、そのシュヴァルツヴァルトとは、直訳すると「黒い森」。そしてこの地は文字通り黒く暗く豊かな森林地帯であり、またそこは良質のさくらんぼを産する地としても知られている。そんなところから黒っぽいチョコレート味のスポンジケーキをベースに、ゼラチン入りの生クリームをあしらい、産物のさくらんぼを飾ったお菓子にそのイメージをなぞらえたものと思われる。そしてそれはまたドイツ人の長年にわたっての森に対する畏れと親しみが込められたものと受けとめられる。

こうした感情と表現はお隣りのフランスでも変わりはないようだ。たとえばそこではさくらんぼこそのせていないが、削ったチョコレートを全体にまぶしたフォレ・ノワール forêt-

noirというお菓子が親しまれている。同じく「黒い森」という意味である。ヨーロッパの森。それはわれわれのまわりにある鎮守の森とも違い、さりとて深山でもない、彼らなりに抱く心のふるさとのようだ。菓名ひとつからも文化やその拠って立つ背景がしのばれる。

第42話　ブレーツェル

Brezel。ひらがなの「め」のような独特な形をした乾き焼き菓子である。今やドイツ語圏のみならず各国各地に広がり、この形をしてブレーツェル形というまでになった。

その名の由来は、ラテン語の「腕輪」を表わすブラクヒャーレとか、「組んだ手を表わす記号」の意味のブラズラなどにあるといわれている。また素材については、もともとウィーンで作られていたパンの一種に源があるといわれ、今日でもパン生地で作られるものが多い。そしてその上に大粒の粗塩がまぶされており、素朴きわまりないシンプルな味わいはワインと不思議にマッチする。なおパンに限らずサブレーやクッキー生地、フイユタージュと呼ばれるパイ生地などで作られたいろいろなブレーツェルが楽しまれている。

作り方については、ひも状にした生地の両端を内側に曲げ、中でクロスさせて、当初はその先端をへびの頭に模して作られていたという。とぐろを巻いたへびの姿は神秘の象徴であり、また初めも終わりもない永遠、つまり不死を表わすものと信じられていた。こうしてこのパンが好んで求められていくうちに、いつしかその形がパン屋やお菓子屋を表わすシンボルマークになっていった。

ヨーロッパの街を歩いていると、各業種を表わすさまざまな形の看板や飾りに出合う。そしてそれらが街の風景にぴったりと収まってすてきなムードを出している。あちらでお菓子やパンを求めたくなった時、ちょっと上の方を見てこの種の飾りを探すとよい。調和が美しい上に遠くからでもすぐに見つけることができて便利この上ない。

ハイデルベルクにて

オーストリア

第43話　ザッハートルテ

Sachertorte。中身も外もチョコレートずくめにどっしりと作られる、ウィーン生まれの世界の銘菓。欧米の人々は概して甘いもの好きであるが、このお菓子は彼らにさえ甘すぎるとみえ、ほとんど砂糖を入れずに泡立てた生クリームを添えて食べるくらい重厚な味に作られる。

　ではこれにまつわる甘い戦争のお話をしよう。ヨーロッパの主要国が集まる会議がウィーンにおいて催された時、主催国のオーストリアの宰相メッテルニッヒ公は、お抱え製菓人であった当時十六歳のフランツ・ザッハーに、「これまで誰も口にしたことのないようなものを作るように」と命じた。受けたザッハーは一連の料理の後、デザートとしてすばらしいチョコレートケーキを供し、大喝采を浴びた。時に一八三二年のことであった。後の一八七六年に彼の次男のエドヴァルト・ザッハーが、ウィーンの中心、オペラ座の前にホテル・ザッハー Hotel Sacher を開業。そこで出す、父の手がけたトルテも大好評を博した。

　ところが同じ街のデメル Demel というお菓子屋でも同じものを作り始めた。なんでも一九三〇年代に入り、三代目のエドマンド・ザッハーの時、経営の苦しくなったホテル・ザッ

ハーがデメルに支援を仰ぎ、その代償として、作り方が伝わってしまったというのだ。その差し止めを求めての長い論争のすえ裁判となり、七年の歳月を費した後、ようやく決着がついた。双方ともそのお菓子を作ってもよいが、オリジナル・ザッハートルテの名称はホテル側の専有に、デメルでは単にザッハートルテとして売るようにとの判決が下ったのだ。

ただ現在はそうした争いもなく、ホテル・ザッハーもデメル菓子店もどちらも本家ということで、双方とも大繁盛。この希代の銘菓を求めて今も世界各地から、多くの人々がこの地を訪れている。また訪うこと能わざれば注文にて、いかにも大切そうに木箱に収められたそれを、世界のどの地にも発送承わってくれている。

問題のトルテはといえば、ホテル側のものは二段にスライスし、間にアプリコットジャムをぬっているのに対し、デメルのそれはジャムをぬらない点が違うだけで、生地の配合や作り方はほとんど同じだといわれている。そして表面にかけるチョコレート・フォンダンも両者まったく変わりはない。

第44話　カーディナルシュニッテン

Kardinalschnitten。オーストリアに古くから伝わるお菓子である。古くからのものというとたいていが重厚で飾り気がなく、味にクセがあり、それでいて甘みが強いものと思いがちだ。事実長い伝統を背負ったものにはこの手が多い。しかしこのお菓子だけは特別で、そのセオリーのどれもが当てはまらない。

口に含むに驚くほど軽く、けっこう派手で、味にもクセがなく、甘さもほどほど。つまり時を超越して現代の最先端の味覚食感および感性をそなえた、すばらしく進んだデザートなのである。これがホントに時計の針がゆっくり進むウィーンのお菓子？　なんでもかんでも先頭切らなきゃおさまらないパリのヌーヴェル・パティスリーじゃないの？　と改めて尋ね直したくなってしまうほどである。

ウィーンでは多くのお菓子屋さんで扱っており、お伝えしたように地味で茶色やチョコレート色の多い中にあっては、ひとり明るく目立った存在となっている。

カーディナルとはカトリックの枢機卿のことで、シュニッテンとは切り菓子の意味を持つ。

卵黄の多い、つまり黄色の強いスポンジ種と卵白を泡立てた白いムラングを交互に絞って焼き、間にこの国の人たちの大好きなコーヒー味のクリームを絞って仕上げる。

このお菓子を切ると、側面が黄色と白の二色になり、これが枢機卿のシンボルともいえるカトリックの旗のカラーを表わすというわけである。キリスト教がプロテスタントや英国国教会、ギリシャ正教、ロシア正教等といった各派に分かれる中にあって、オーストリアは旧教すなわちローマカトリックの宗主国のひとつとしての位置付けを守り貫いてきた。そんなことがお菓子ひとつにも強く表われてくる。やはりお菓子とは、あらゆるものを含んで成り立つ文化の結晶である。

第45話　リンツァートルテ

Linzertorte。南蛮菓子の項でもいささか述べたが、タルト tarte とトルテ Torte、語源は同じだが現在ではまったく異なったものを指している。タルトとはビスケット状の生地で器を作り、中に詰め物をするもので、フランス菓子に引き継がれている。一方トルテというとスポンジ状の生地にジャムやクリームをはさんだりぬったりしたもので、ドイツ系の名称である。いつ頃からこのふたつの流れができたのだろうか。

いろいろな手がかりから推すと、十五世紀後半から十六世紀にかけてのようである。スポンジケーキが生まれる前は、ビスケット状のいわゆるタルトが中心で、中に種々のクリームやジャム、あるいはフルーツといったおいしいものが詰められていたわけで、今でもそのフィリングによって、それぞれタルト・ナントカと名がつけられている。

ところでその分岐点まで遡ると、そこにはかくいうリンツァートルテが浮んでくる。フランス語圏ではタルト・リンゼル tarte Linzer の名で呼ばれているものである。

このお菓子はオーストリアのリンツ地方の銘菓として長く人気を保っているものだ。シナモンを効かせた生地にラズベリージャムを敷き込み、その上にはまた同じ生地を網目状にかぶせて焼いた、まさに今日のタルトやトルテに共通したところを持っている。

今ではおおむね色の濃い生地になっているが、昔は白い生地の方が多かったという。そしていつしか新しく伝わってきた柔らかいスポンジ生地に置き換えられていった。これがトルテの始まりといわれている。ゆえに今でもトルテと称されるお菓子群は、そのほとんどがジャムやクリームなどを中にぬった形で供されている。

話を戻すが、リンツァートルテの形状、これこそがタルトと分かれた時点での名残りであり、そのルーツを確実に引いているのがこのリンツァートルテというわけである。加筆するなら、このトルテがいろいろな味と形のヴァリエーションをとって発展するのは、さらに時を下って十九世紀まで待たなければならない。
一方タルトはそのままの形で今日まで伝えられ、あまねく幅広く親しまれている。

第46話　クグロフ

円錐形をひねった形で、中に穴があいている。見ようによっては分厚い王冠のような形に思える発酵菓子である。

底の深い型ゆえオーブンに入れても中まで火が通りにくく、どうしても中心部が生焼け気味になる。そこで中央に穴をあけてしまった……。そんなプロセスでできた上がった形のようだ。あまたあるお菓子の中ではもっとも完成された姿だともいわれている。

そもそもはオーストリアやポーランドに古くから伝わるもので、文化の伝播とともに各地に伝えられていった。よって呼び名も綴りもさまざまで、グーゲルフップフ Gugelhupf、クーゲルホフ Kugelhof、クーゲルホップフ Kugelhopf、フランス語圏ではクグロフ kouglof となっている。フランス語には元来Kで始まる語はなく、このことからもゲルマン系あるいは東ヨーロッパ系のお菓子であることが分かる。ちなみに日本では英仏にならってクグロフと呼んでいる。

なおドイツ語圏ではこのほかにナップフクーヘン Napfkuchen、ロドンクーヘン Rodonkuchen 等とも呼ばれている。いかにこのお菓子が広く各地に根をおろし、親しまれてきたかがうかがえよう。

このクグロフ、オーストリアのハプスブルク家の皇女マリー・アントワネットがたいそう好んでおり、ルイ十六世に嫁いだことがきっかけとなってフランスでも大いに流行したといわれている。人間だれしも生まれてよりなじんできた味は忘れがたいものがある。同妃もフランスに来てなおこれを追い求め、ふるさとへの想いをつのらせていたにちがいない。

そしてさらにこれを普及させたのは、天才製菓人と謳われたかのアントナン・キャレームだとする書もある。それによると彼は、その頃の駐仏オーストリア大使シュヴァルツェンベルク大公の料理長のウジェーヌから作り方を伝授されたとしている。また別書では、いやいやパリで最初にこれを作ったのはジョルジュという人の経営する店だともいっている。こうした論争が起こること自体、それほど注目に価するお菓子だということでもある。

今日のクグロフはイースト菌の発酵によって作られているが、十八世紀以前はオーストリアやポーランドで使われていたビール酵母を用いて作られていたようだ。

そしてご存知のようにマリー・アントワネットは断頭台の露と消え、後には彼女が愛した王冠型のこれが残った。そう思うとたまらなくせつない。

第47話　エスターハーツィー・シュニッテン

Esterhazy Schnitten。オーストリアで広く作られている生菓子のひとつ。一見、フランスで有名なミルフイユを思わせる姿形に作られる。

ところがミルフイユはパイ生地と呼ばれるフイユタージュの生地とカスタードクリームを段重ねにするが、対するこちらはその内容がちょっと異なる。粉末のヘーゼルナッツを、しっかり泡立てたムラングと合わせ、薄く軽く焼き上げる。これにキルシュ入りバタークリームをはさんで五段重ねにする。上面にはフォンダンをぬり、チョコレートの細い線で矢羽根模様をつけ、適宜な幅に切り分ける。この上面のデザインと段重ねの切り口がまさしくミルフイユ風なのである。

エスターハーツィー（またはエステルハーツィ）とは十八世紀から十九世紀にかけての、芸術保護者として名を知られたハンガリーの侯爵家の名前である。オーストリアがハンガリーを併合した時に、名誉あるそのハンガリーの貴族、グラフ・フォン・エスターハーツィーの名にちなんで、このお菓子にその名を付したと伝えられている。

考えてみるとヨーロッパのあのあたりは、今日にいたるまで互いに取ったり取られたり、併合したり独立したりをくり返してきた地である。視野を広くとれば文化圏としてはひとつのものと見てよい。したがってお菓子を含め、いろいろなものが共通あるいは相互乗り入れしている。このお菓子もそうしたことの象徴といえよう。

第48話　シュツルーデル

Strudel。中世から伝わるオーストリアの銘菓である。さすがに長期にわたって受け継がれてきただけあって、西欧ドイツ語圏はもとよりのこと、東欧やイスラム文化のおよんだ地域にまでも広がって楽しまれている。シュツルーデルとは「渦巻き」という意味で、このお菓子の切り口がそうした形になるところからの呼称である。

小麦粉、バター、卵などを混ぜて練った生地を、薄く薄く延ばしてゆく。下に敷いた新聞紙の文字が透けて読めるほどに薄く広げる。このあたりが腕の見せどころともいわれるところだが、やってみればそれほどむずかしいものでもない。よくもみ込んで粘り気を出し、根気よくていねいに延ばしていけばたいていはできる。手際がいいかどうかは別だが。で、この生地の上に果物やナチュラルチーズなどのフィリングを散らして巻き、焼き上げる。種類としてはいろいろあるが、りんごを主にした具で作るアップフェルシュツルーデル Apfelstrudel がよく知られている。そのほかクリーム味のミルヒラームシュツルーデル Milchrahmstrudel、けしの実を巻いたモーンシュツルーデル Mohnstrudel などのヴァリエーションがある。けしの実は日本ではせいぜいいくらかふりかけて用いる程度で、まとめて具にするようなことはほとんどないが、なかなかの風味で、とくにドイツ語圏ではよく使われる。小さな粒でまっ黒で、なれない目にはグロテスクに映り、ちょっとした驚きである。いずれのものも、これに限っては熱いうちに食べるのが一番とされている。

さて、このようにこね粉を延ばして何かを包んだりはさんだりする手法は古くからあり、各地でさまざまな調理に使われている。たとえばトルコやギリシャ、イスラム文化圏で見られるバクラヴァ baklava, baklawa というお菓子などは、その形、手法ともシュツルーデルと大変似かよったところを持っている（一七二ページ参照）。おそらく十五世紀に東ローマ帝国を滅ぼし地中海一帯を支配したオスマン帝国の食べものがヨーロッパ中に広がって伝わり、その土地の気候、風土、農産物などによって変化し、今日のシュツルーデルができ上がったものと思われる。

そういえば中華料理に春巻きがあるが、あれなども明らかにシュツルーデルやバクラヴァのオリエンタル・バージョンだろう。中華麺が日本そばやスパゲッティになっていったと同じように、薄く延ばした生地も、西へ東へとわれわれが想像しているよりはるかに自由に旅をしているようだ。

イタリア

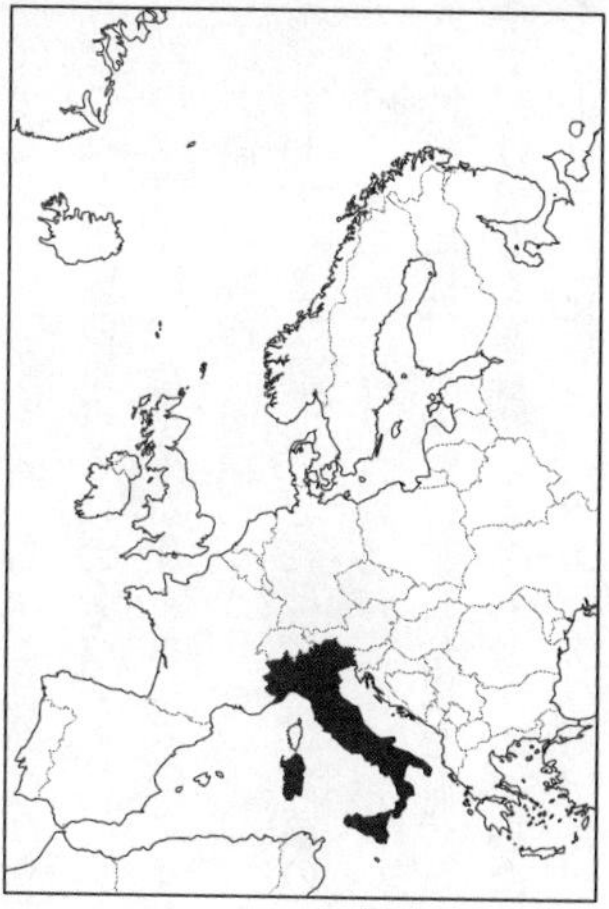

第49話　ジェラート

紀元前四世紀頃、アレクサンドロス大王がパレスチナの南東ペトラに三十ほどの穴倉を作り、雪や氷を詰めて食べものを保存していたと伝えられている。これが発展して今日の氷菓につながってゆく。紀元前後にはローマの英雄ジュリアス・シーザーや皇帝ネロが足の速い若者をアルプスに走らせ、氷や雪を運ばせて、それに乳や蜜、酒などを混ぜたりあるいは冷やしたりして飲んでいたという。遡ればこれが氷菓の原点といえよう。

他方中国やアラビアでも、すでに天然の氷雪を使った氷菓が作られ、次第にインドやペルシャに伝わっていった。ちなみにフランス語のソルベ、英語のシャーベットは、アラビアンナイトに出てくる冷たい飲み物シャルバートからきた語で、これはアラビア語の「飲む」という意味のシャリバの変化形であるという。言われてみればなるほどよく似ている。

そして古代ローマの後期である紀元四世紀頃には、氷や雪に硝石や塩を混ぜると温度が下がることが発見されていて、物を冷やすだけでなく凍らせることも分かっていたようだ。

中世に入り、十字軍が東方の文物をヨーロッパに持ち込んだ頃、アラビアやペルシャからもこのような技術がイタリアの各都市に入り、果汁やワインを入れた容器を、氷雪と塩を混

ぜたものの中で揺り動かし、冷やしたり凍らせたりした。これが人工的な冷凍法の始まりと考えられる。やがてこの技術は、一五三三年のメディチ家のカトリーヌ姫とアンリ二世となるオルレアン公との婚姻を機にフランスに入り、ヨーロッパ全土に広まっていった。

この上流社会の楽しみを庶民のものにしたのはシシリー人のフランチェスコ・プロコピオ。彼はフランス語読みにした自分の名をつけた店「カフェ・プロコプ」をパリに開いたが、そこで彼はレモネードを凍らせて大評判をとった。その後、氷水にクリームを加えるとバター状になるところから英語圏ではバターアイスとかクリームアイスと呼ぶようになり、転じてアイスクリームと呼ぶようになったが、氷菓の原点も発展も、ほぼイタリアがらみということがよく分かる。名画『ローマの休日』でオードリー・ヘップバーン扮する王女様が口にするのも分かる気がする。やはりジェラートの本場はイタリアなのだ。

第50話　パネットーネ

panettone と綴るこれは、バターをたっぷりと含んだレーズン入りの発酵菓子で、いうなれば上等のぶどうパンである。イタリアの生活では必需品で、ふだんでもよく食べるが、各種の祝い事や集まりの席上、あるいは休日の食卓には必ずといってよいほど出される。とくにクリスマスでは欠かすことのできないものとなっている。

語意は「大きなパンのかたまり」ということで、その起源は三世紀頃まで遡るといわれるが、実際にはつまびらかでない。

『現代洋菓子全書』『The international confectioner』や『ラルース料理百科事典』Larousse gastronomique といった大著によると、ルドヴィコ・イル・モーロ（一四五二―一五〇八年）の時代に、ミラノのデッレ・グラッツィアにあった製菓所のウゲット Ughetto という人が初めて焼いたものだといわれ、これがパネ・ディ・トーネ pane di Tone と名づけられたのだという。これはトーネのパンという意味で、トーネとは英語圏でいうトニーで、その製菓所の主人の名前であったとされている。

また別名「ミラノのドーム型の菓子」とも呼ばれており、このことからもこれがミラノに始まりを持つものであることが想像される。

　ところで今日ぶどうパンというものがあるが、あれはパンを膨らませるにあたって、ぶどうの酵母を利用した名残りのものであるそうな。してみるとパネットーネも、数ある中でもその流れをくむ由緒正しきお菓子のひとつといえる。

第51話　ティラミス

tiramisù。その時代時代によりいろいろなものが流行するが、お菓子の世界も例外ではない。

わが国は明治よりこちら、キャンディー、マシュマロ、ビスケットといった、いわゆる量産型のお菓子はアメリカをお手本にした大企業の手がけるところとなり、ケーキの概念でとらえられている生菓子類は、フランスをお手本にした街場のお菓子屋さんの商うジャンルとされてきた。よって気がつけば北から南まで、どこも一様にフランス菓子何々屋、フランス菓子某々の看板がかかってしまった。まれにドイツ菓子やアメリカンタイプと称する大型菓子が気を引くこともあるが、大勢としてのフランス優位は変わらない。

ところが近年になってこのフランス一辺倒がいくらかバラけてきた。

たとえばお菓子はフランスばかりじゃない、イタリアにだってあるよとの提案を受けて、それこそ燎原の火のごとくあっという間に広がったのがここに取り上げたティラミス。一九九〇年代に入ったばかりの頃のことであった。その勢いあまりに強すぎたためにしぼむのも早かったが、それはともかく、いろいろな国に目を向けさせる効果は絶大だった。なんとなればこれを機に、クレーム・ブリュレで一度フランスに戻ったものの、次にアメリカ映画の

『ツイン・ピークス』からチェリーパイ、いきなりフィリピンに飛んでナタデココ、イタリアに帰りパンナコッタ、香港からはマンゴープリンと、まるで世界漫遊食べ歩きのごとく、視野もマーケットも広がった。

さてティラミスに戻ろう。エスプレッソに浸したビスキュイをベースに、イタリアのロンバルディア地方で作られるマスカルポーネの名のフレッシュチーズを使って作る。

語源を見るに、tira はイタリア語で「引っぱる」という意味の tirare、mi は「私を」、su は「上に」で、私を上に引き上げる——つまり私を元気にし、陽気にさせてという意味を持つ。一説によると十八世紀のヴェネツィアで、夜の街で遊ぶための栄養補給源のデザートであったと伝えられている。また別の説では、このお菓子に含まれている強いエスプレッソのカフェインが興奮をもたらすための命名ともいわれている。

ところであれほど流行ったにもかかわらず、今では目にする機会もめっきり少なくなった。この辺がいかにも日本的だが、少しばかり極端すぎはしまいか。次に注目を集めるのは古典としてか……。

第52話　ズッコット

zucotto。イタリアはメディチ家のおひざ元、フィレンツェの銘菓である。これは聖職者のかぶり物の意味で、まさしくその形に似たドーム型をしており、こんなところからもカトリックの宗主国としての一面が伝わってくる。

薄切りのスポンジケーキで覆ったドーム型の中に、果実入りの生クリームを詰めてソフトに凍らせた、口当たりのよいアントルメだ。どんなものでもガチガチに凍らせては食べにくいが、素材そのものが充分空気を含んだ生クリームだから、ある程度の凍り具合ならフォークは入る。甘き世界ではこうしたものをセミフレッド（半凍結）・タイプと呼んでいる。いかにもジェラートの本場として鳴らした、冷たいお菓子が得意な国らしいお菓子といえる。

さて前項でも述べたごとく昨今はいろいろなものが流行る。そしてお菓子の売られる場所もまた多様である。昔はそれを求めるにあたってはお菓子屋さんに行けばよかった。ところが今やそれだけではない。ホテルやレストラン、カフェはもとよりのこと、百貨店、スーパーマーケット、ドラッグストア、パブにディスコにエトセトラ。

そんな中でもコンビニエンスストアの充実が著しい。ここなどは見ようによっては偉大な

お菓子屋さんといえないこともない。おせんべ、スナック菓子、チョコレート、キャンディー、アイスクリームと、ありとあらゆるお菓子が並んでいる。ただこれだけありながら、ケーキと称される生菓子類だけは手薄であった。運びにくい、日持ちがしない、こわれやすい、いわゆるロスが出やすい代表選手であったのだ。冷凍したものなら別だが、それでは食べたい時にフォークが入らない。そこで急浮上してきたのが、かくいうズッコット等に代表されるセミフレッド・タイプのイタリア菓子。これなら大丈夫。凍ってるから運べる、こわれない、ロスが出ない。でもフォークはすぐ入る。いろんなものがいろんな理由で注目を集めていく。そしてその直後にはもうほかのものが模索されている。次はなんだ？

スペイン

第53話　チュロス

churros。一見かりん糖に似た、その元祖のような揚げ菓子である。単数形ではチューロchurroだが、通常は複数形で呼び、その専門店はチュレリアchurreriaという。

ほとんど小麦粉と水だけで作る単純なものから、卵や牛乳を加えたものまでいくつかの配合がある。そして先がギザギザになっている星形の口金をつけた絞り袋にこの生地を詰め、熱した油の中に手早く絞り出してゆく。直線的な棒状のもの、Uの字をした馬蹄形、あるいはその先を交叉させた形など、さまざまなタイプのチュロスがある。太さは直径一センチぐらいが普通のようだ。

ついでながらその作り方についての注意点をあげておこう。あまり生地を硬くしすぎないこと。とくに小麦粉を水だけで練るシンプルな配合の場合に起こりやすいのだが、油に入れた時に破裂して飛び散る危険があるのだ。楽しかるべきお菓子作りで怪我をしてもつまらない。くれぐれも安全を期されるよう……。

以前は家庭でよく作られていたというが、最近はそうしたことも少なくなり、通常は街のカフェか屋台、駅のスタンド式のスナックのようなところで供され、とくに朝食用に食べられる。

ところで注目すべきはその食べ方である。つねに必ずアツアツのチョコレート・ドリンクとペアを組む。それでなければならないのだ。昔は飲みものであったチョコレートの原点を示すこのスタイルは、これからもスペインっ子の朝食として親しまれ続けてゆくことだろう。

そういえばスペインは、アステカから西洋世界に初めてチョコレートをもたらした国、近代チョコレートのふるさとである。

第54話　ポルボロン

ポルボロン polvoron なるおもしろい響きの名を持つお菓子がある。複数形ではポルボロネス polvorones となる。見た目には世間一般にいうクッキーより少し大きく厚めだなぐらいの感じだが、その内容ほかとは全く異なる趣きを持つ。

ひと度口にするや、なんなのだ、これは。うーん、これがスペインかと、思わず知らず唸りたくなるしろものである。何しろそのひと口からあの赤茶けて荒涼とした見はるかす大地が脳裏いっぱいに広がるのだ。もともとは南部のアンダルシア地方の一銘菓だったのだが、今やスペインを代表するもののひとつとして親しまれるまでになっている。作り方からして変わっている。

まずあらかじめ小麦粉を淡く色づくほどに焼いておく。こうするとグルテンと称する小麦粉の粘り気が消えて、でき上がったそれを口に含むと、口の中で名前のごとくポルボロンっと崩れるというわけである。ただ生地がもろいので、この食べ方に少々工夫がいる。和紙のような紙で包まれ、両端がおひねりのように、よくキャンディーなどでなされているようになっているこれを、手でギュッと握って固め、おもむろに紙をむいて口にする。こうすると

細長く固まって口に入れやすく、しごく食べやすくなる。ただきれいだからと包んであるんじゃなく、包み方ひとつにもちゃんとそれなりの理由があるのだ。

素材については、油脂はラードを用いているが、よろず豊かになってきたためか、最近はバターのものも増えてきている。ただしこれに限ってはラード風味の方がそれらしい気がする。またシナモンやレモンの香りのもの、ゴマ入り、アーモンド入りと味覚のヴァリエーションも多彩になってきている。が、それでも素朴さは失われてはいない。そこがいい。いつまでも、その「らしさ」を守りつづけてもらいたい。

ポルトガル

第55話　パステル・デ・ナタ

希に首かしげるものもないではないが、それらはさておき、世に銘菓といわれるものには、やはりそれなりの何かがある。それは時として、その地の人々の生活に裏打ちされた積年の重みであったり、深みであったり、はたまた手がけられた当時の驚きやよろこびの継承でもあったり……。

さて、古くはわが国で南蛮国と呼ばれたポルトガルのリスボンに、パステル・デ・ナタ pastel de Nata という名のフラン菓子がある。フランとはクリームを詰めて焼くタルトやタルトレットの一種だが、この地のものは皿状にした小型のパイ生地にカスタードクリームを詰めて焼き、シナモンシュガーをふりかけて食べるお菓子である。どこといってなんの変哲もないように思えるが、実はパイ生地の使い方にひと工夫がこらされている。薄く延ばしたこれをうず巻き状に巻いて棒状にし、これをスライスしてパイ皿に敷くのだ。こうするとパイ生地がたて目になり、火通りがよくなって歯切れよくでき上がる。そんな作り方がされるこのお菓子だが、いずこのお店のものも地域の人々に次々に買われていく。これがホントのご当地名産というのだろう。いかに愛されているかがよく分かる。

パスティス・デ・ベレン

カスタードクリームが文献に登場してくるのが十七世紀前半である。そして同じ頃パイ生地と呼ばれるフイユタージュが今日の形に完成されてくる。時は大航海時代、海運国として最先端にあり、国力充実していたこの国には、そうした新しい情報がどこにも増してまっ先に伝わってくる。そしてここにそれらの新しい素材、技術がドッキングを果す。当時の人々にとってはまさに驚きのテイストであったにちがいない。この時の感激が確かな記憶として残り伝えられ、この地の人々によってそのお菓子は代々育まれてきた。パステル・デ・ナタとは、彼らのそんな熱き想いを乗せたお菓子なのである。

ついでながら申し上げると、リスボン市内にベレンという地区がある。大航海時代を偲ぶ巨大なモニュメントの建つテージョ河岸近くだが、ここに面した老舗のものは、とくにパスティス・デ・ベレン pastéis de Belém の名で売られている。あまたある中でも、同店のものは絶品の評が高い。

聞きつけた筆者、もちろん並んでこれを求めた。今にあっては素朴だが、当時は革新的だったろう香りと温かさがじかに伝わってきた。そしてそこにはポルトガルの栄光もしかと息づいていた。

第56話　オヴォシュ・モーレシュ

近年EUの名のもとにヨーロッパがひとつの集合体としてまとまろうとしている（注・本書初版刊行の一九九八年当時の記述）。通貨、物価等まだまだ解決を要する問題も少なからず残しているが、ともかくもその体制のもとに動き出した。お菓子業界もそれにともなって新しい動きを見せていく。すなわち各国がおのおののお国柄を表わした銘菓を作り、それぞれの名物としてヨーロッパの他諸国はおろか世界に向けて売り出してゆこうというのだ。

ポルトガルもその話に乗り、政府支援のもとにファブリドース Fabridoce という会社を作った。そこでは諸々検討を重ねた結果、十六世紀から続くオヴォシュ・モーレシュ ovos moles という名のお菓子を名物に仕立てるべく発進した。これはいかにもこの国らしく、南蛮菓子のひとつとして日本にもなじみの深い玉子素麵に使うものと同じ甘みをつけたクリーム状の卵黄を、貝がらの形をしたウエファースに詰めたお菓子である。この形には、かつての海洋王国にして、長大な海岸線を持ち海の幸に恵まれているこの国のイメージと想いが込められている。祖先が愛し、長年にわたって受け継いできた卵黄のお菓子に誇りを持ち、またその名を轟かせて世界史にしかと名をとどめるほどに海に生きてきた彼らの気持ちが痛いほど伝わってくる。

リスボンのほぼ真北に二百キロほど行ったところにある、学究都市コインブラの近くのアヴェイロという街にその会社はある。あらゆる規制が世界一厳格といわれる環境にあるわれわれから見れば当たり前かもしれないが、この国にあっては異例なほどに気配りが行き届いている。床も壁もピカピカにクリーンで、作業も整然と行われ、従事する人たちはマスクさえしている。ただほとんどが手作業なのがこの国らしくもあり、気になるところでもある。これでEU圏ポルトガル国名物としての需要がどこまでまかなえるのか。それとも今のところはまだこの程度で間に合ってしまうほどの量なのか。

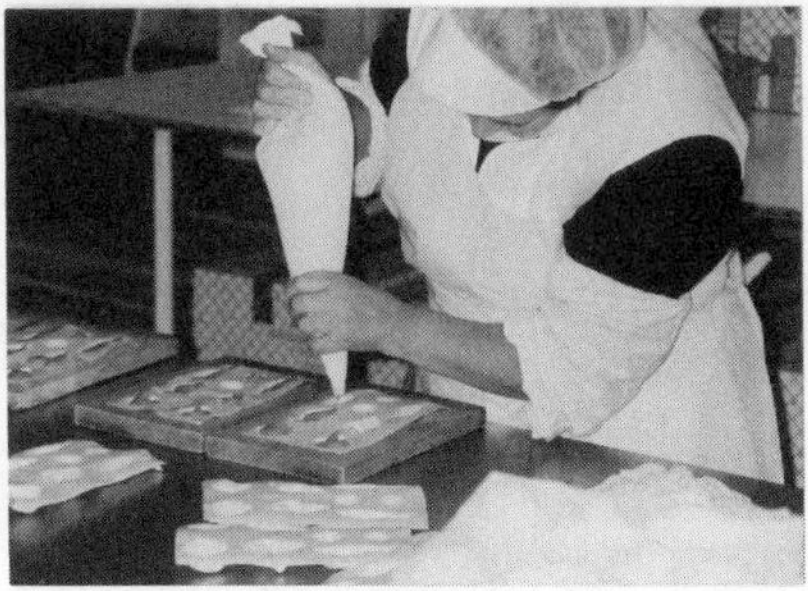
ファブリドースでの作業風景

実情はさておき、村おこしならぬ国おこしの気概だけは十二分に伝わってくる。ポルトガルは今、古きを温め新しきを知り、再び世界に目を向けようとしているのだ。その象徴たるオヴォシュ・モーレシュに幸多かれと祈りたい。

イギリス

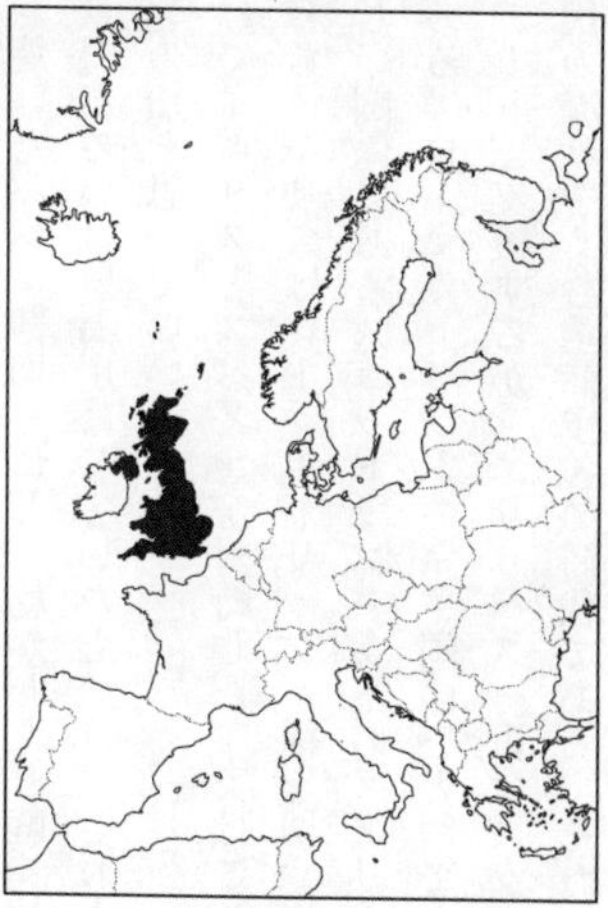

第57話　ビスケット

biscuit。bisとはラテン語で「二度」という意味、cuitはフランス語の「焼く」という動詞cuireの過去分詞で、合成されて一語になった。すなわち「二度焼きのパン」という意味を持っている。

昔の人々は日持ちをさせるために、焼いたパンを薄切りにし、乾かしたり軽く焼いたりして、旅での保存食や兵士たちの携行食料あるいは航海用にしていたという。これならなるほど二度焼きではある。いわゆる乾パンの類と思っていいだろう。

さて一五八八年、海上の覇権をかけてイギリスとスペインが対峙した。実はこれには宗教上の対立も布石としてあった。すなわちイギリスはローマカトリックと縁を切って英国国教会を作る。一方、イングランドと難しい関係にあるスコットランド女王のメアリー・スチュアートは敬虔なカトリックの信者である。ローマカトリックの宗主国のひとつであるスペインは、当然のことメアリー・スチュアートを支援するが、エリザベス一世は彼女を捕えて処刑してしまう。時あたかも大航海時代の流れをくむ重商主義の時代である。それでなくても海上におけるイギリスの進出に業をにやしていたスペイン軍は、同国と真正面から向き合うことになった。すなわちこの英西戦争は、海上権という実利に宗教というイデオロギーが加味された天下分け目の一大決戦であったのだ。無敵艦隊と称されているスペイン軍はなんと艦船一二七隻に三万人という陣容である。いかにイギリスが新興海運国にして勢いがあるといっても、これでは誰の目からも勝敗は明らかである。

ところが策略家というのはいるものだ。船に積む食糧には限りがある。三万人を毎日度毎に食べさせるというのは大変なことである。よって彼らは必ず短期決戦を挑んでくる。こう読んだイギリスの総司令官・智将ハワード卿及び、名将ホーキンス、ドレーク将軍らは、巧妙な戦術でスペイン軍を翻弄し、ついにはこれを北海の藻屑と消してしまった。実はこの時イギリスの船には大量のビスケットが積み込まれていたという。これは場所をとらず日持ちがする、兵糧としては最適のものである。食糧になんの不足もないイギリス軍は存分な戦いを挑めたのだ。皮肉なことに、スポンジケーキという進んだ食べものを生んだ国が、たかだかビスケットぐらいしかなかった国に敗れてしまったのだ。太陽が没するところがないとまでいわれた同国は食糧の準備不足で沈み、替ってイギリスが七つの海を制覇していく。以来イギリスといえばビスケット。もちろんティータイムのおやつにも。

第58話　プディング

pudding。船に積む食糧には限りがある。天下分け目の英西戦争では、そのことゆえに無敵を誇ったスペインが敗れた。替って七つの海を制覇したイギリスが、今度は同じことで悩んでいくことになる。食糧は豊富にこしたことはないが、そうもいかず、航海中はあるもので切り盛りしてゆかねばならない。

そこが料理人の腕の見せどころであり、シェフは船長の次に権威があるといわれるゆえんでもある。ある時考えた末、パン屑や小麦粉、卵、ふつうだったら捨ててしまうような牛の腎臓の周りについているケンネ脂などあり合わせの材料を混ぜて味つけし、ナプキンで包みひもで結んで蒸し焼きにしてみた。彼らはそれにチーズなどをふりかけて食べていたらしいのだが、やってみるとまんざら捨てたものでもなかった。これがそもそもの始まりで、いわば船乗りたちの生活の知恵から生まれたものだったのである。

こうした蒸し焼きの手法による調理は次第に一般家庭にも入り、牛乳と卵で作ったなじみの深いカスタード・プディングをはじめ、種々の形に変化してゆく。たとえばお米入りのプディング、パンを加えたプディング、あるいは英国のクリスマス時期には、フルーツやナッツをたくさん加えたプラム・プディング等々。なおこのクリスマス・プディングだが、必ずケンネ脂を入れて作られる。入れない方が美味しいとも思うのだが、これを入れないと彼らにとってはクリスマスのケーキにならないのだ。何となればこれこそが余り物さえ使って手に入れた栄光の時代の象徴であり、彼らにとっての文化の源だからである。そしてそれをもって一年でもっとも大切な日を祝うのである。

何かにつけて対比される対岸のフランスでは、カスタード・プディングなどはクレーム・カラメルと自国語に置き換えているが、おおかたは外来語としてとらえ、そのまま英語読みにしたプディングとしたり、フランス語読みにしてプダンと称したりしている。お菓子大国を自認してはいるものの、これについては一応は発祥の地に敬意を表しているものと見える。

第59話　パウンドケーキ

バターやフルーツをたっぷり含んだ、あのザックリとした深い味わいは、お菓子好きの人々を魅了してやまず、今や世界中に定着して、根強い人気を博している。

このお菓子の配合は主原料のバター、砂糖、卵、小麦粉が一対一対一対一で、製菓用語でいうところの四同割ということになる。

はじめ英国でこのお菓子が作られた時、四種の原料を、自国の表示によりそれぞれ一ポンドずつの計量で仕込んでいた。そこでこれをポンドのお菓子、パウンドのお菓子、すなわちパウンドケーキということになり、以来、世界的にはともかく、少なくとも日本全国ではこの名で通るようになってしまった。現在ではいろいろなお店や製菓会社で、それぞれ特徴を出すために多少の配合を変えて作っているが。なお、近年のイギリスでは、これをローフケイク loaf cake と呼んでいる。

ただおもしろいことに、同じお菓子をフランスでは、頭だけ省いてただ cake と書き、発音も外来語としてとらえているため英語でケイクと発音している。

自国の言語文化にかたくななほどの誇りを持つ彼らをして英語を使わせたところなどは、

前述のプディングと同様で、やはり考案した国に対して彼らなりの敬意を払っていることの証であろうか。もっともフランスは世界に冠たるメートル法発祥の地でもあるゆえ、彼ら特有の反骨精神も相まって、こうは呼んでも、プライド上あえてポンド表示だけは避けたのかも知れない。

なおフランスにはこれとは別に、やはり同じような理由による配合表示のお菓子、カトル・カール quatre quart がある。これは四分の四という意味で、四種類の材料が四分の一ずつ入ることからこういう名前がつけられたのである。しかしこれはケイクのように種々のフルーツを入れたり、それで飾ったりはしない。またこれはトー・フェ tôt fait という別の名前も持っている。これは「すぐにできる」という意味で、すなわち全部同じ量の配合だから簡単にできるということからの命名である。

日本でのケイクならぬケーキの語は、生菓子全般を表わす言葉として定着している。言葉も行く先々で少しずつニュアンスが異なってくる。

第60話　スコーン

イギリスも古い歴史を持つだけあって探ってみるとけっこういろいろある。とくにスコットランドにルーツを持つものが多いが、それだけその地の文化度も高かったということがいえる。そして最近そのあたりのものが見直されている。いや、今までのフランス一辺倒が見直されているといった方が適切か。

近頃の若い女性やヤングミセスあたりの朝食にスコーンsconeが人気とか。お茶漬からトーストに、そしてちょっとシャレてバゲットやクロワッサンに。デニッシュ・ペイストリーも少しあきてきた。もっと何かないかと見渡したらスコーンがあった。めずらしくもないが目新しい。ちょっとしたティータイムにもやけに様になると、あっという間に広がっていった。

元をたどると冒頭記したとおりスコットランドに伝わるもので、そもそもは粗挽きした大麦粉を使って焼いたバノックbannockと呼ぶ古いお菓子の系統を引くものという。

初めの頃は薄く硬いビスケットの一種であったが、重炭酸ナトリウム（重曹）を使って膨らませ、バターやミルクを混ぜ、さらに挽き割り小麦を使用しだすと、ふっくらとして食べやすくなり、すっかりお菓子らしくなっていった。現在では種類も豊富になり、果実やはちみつ、あるいはポテト、ココナッツ、チョコレート入り等、ヴァラエティーに富んだスコーンが楽しまれている。今日はどのスコーンにしようか、なんていうスコットランド風のブランチも悪くない。

第61話　マフィン

muffin。これはイギリスにくるべきか、アメリカに入れるべきか、書き手としては悩むところだ。どちらかにしなければならぬとなれば、発祥の地に敬意を表してイギリスとしておく。

これも昨今、前述のスコーンともどもよく目にするようになってきた。ただし圧倒的にアメリカンスタイルのマフィンだが。

その昔、ヴィクトリア朝時代のイギリスでもてはやされたことから広まっていったといわれている。その頃はマフィン・トレイと呼ぶ器にマフィンを詰めて、緑色の布をかぶせ、これを頭にのせたマフィン売りが街にまわってきていたそうな。そしてその出現は人々の大いなる楽しみでもあったようだ。なんとなくのどかでほのぼのとした、それでいて生き生きした街の様子が伝わってくる情景だ。

基本生地はイーストかベーキングパウダーを使ったものだが、さまざまなタイプのものが楽しまれている。

ちなみにイギリスではパンケーキのようにテンパンで両面を焼いたものが作られているが、アメリカではもっぱら型やカップを使用して焼いている。種類もチョコレート味やアーモンドなどのナッツ類を混ぜたものなど、いかにもアメリカ人好みのマフィンが作られている。そういえば日本でもアメリカ指向の強いカジュアル感覚の世代に受けている。

でも元はイギリスであることもお忘れなく。

イギリス式

アメリカ式

他のヨーロッパの国々

第62話　スペキュラース

オランダ

スペイン・ポルトガルは南蛮、イギリスやオランダは紅毛として、それぞれがわが国と深い関わりを持ってきた。とくに後者の紅毛といわれたオランダは、鎖国後も唯一の窓口として日本に西欧文化を伝え続けてきてくれた。今日の日蘭の結びつきはお世辞にも強いとは申しがたいが、思えばわがご先祖たちは同国にはずいぶんとお世話になったものである。

さて行く先々に銘菓あり。かつてのわれわれにとっての西洋代表たるこのオランダにも、特筆すべきものがある。スペキュラース speculaas という名のクッキーである。シナモン、クローヴ、カルダモン、ピメント、ヴァニラといった数々の香辛料を入れた特殊なビスケット生地を、さまざまな模様を彫った木型に押しつけて、型取りして焼き上げる。

ネーデルランド（今のオランダ）に古くから伝わるものだが、今日ではその地を越えて、ベルギーやドイツのラインラント地方等、周辺の多くの地で作られている。またそれに伴って名称も少しずつ変化して呼ばれる。たとえばオランダではスペキュラースだが、ベルギーではスペキュロス specullоos、ドイツ語圏ではシュペクラティウス spekulatius……。

風味が高く堅焼きのこのクッキーはとくにクリスマス時にもてはやされ、いろいろな動物

やサンタクロース、物語や歴史上の人物などの形に作ってツリーに飾られたりもする。
起源は遠く中世にまで遡るといわれ、木型は古くはいろいろな聖人や聖堂など宗教的な題材を彫ったものが多かった。今では宗教を離れたモチーフのものにも広がっているが、それにしても歴史の重みを感じさせるお菓子である。

ギリシャ

第63話　バクラヴァ

baklava または baklawa と綴るこれは、そもそもはトルコをはじめとしたイスラム文化圏で生まれたお菓子で、中世以来ほとんど変わらずに作り続けられ、今にいたっている。ヨーロッパ諸国の中ではそうしたところと接点を持つギリシャの地にしっかりと根付き、表題のごときバクラヴァ、あるいはそのアレンジメントとしてのガラクトブレコの名で親しまれている。

見た目はシロップでベトベトの状態、食べてはやっぱり驚くほど甘く、すぐに水がほしくなる。洗練（？）された西欧的食文化に慣れた身には、まこと異質の文化を感じさせてくれるものである。

古代ギリシャ時代から伝わる、紙のように薄く延ばしたフィロと呼ばれる小麦粉の生地に、溶かしたバターをぬり、刻んだくるみやピスタチオ、アーモンドなどのナッツ類、あるいはそれらのペーストをのせたりぬったりし、層状に積み重ねてバットに入れ、菱形や長方形の切れ目をつけて黄金色に焼き上げる。そしてこれにシロップをたっぷりとかける。まあシロップ漬けのミルフイユと思えばいい。甘いものの貴重だった時代には、おそらくたいそうなごちそうであったにちがいない。

アテネ市内のお菓子屋さんも近頃はだいぶ西欧化が進み、こうしたこの地独特のものが押され気味、否、ともすれば消えかねない状況だが、よそごとながらぜひとも大切に守っていってもらいたいものと願っている。

北欧諸国

第64話　クランセカーカ

スウェーデン、デンマーク、ノルウェー、フィンランド――北欧諸国と呼ばれるスカンジナビア半島のあたりは、どちらかというとお菓子文化といえるようなものがそれほどにない。いうなれば日本における洋菓子のジャンルとよく似ている。

和菓子については長い時を経て独特の世界を築いていったが、洋菓子については、明治以来そのすべてを欧米に学んできた。すなわち日本、北欧ともに、はじめから土着のものというのがなく、おおむね他国からの移入にたよってきたという経緯がある。ただそんな中でもまったくないというわけでもない。ここにいうクランセカーカ kransekaka などは、スウェーデンをはじめとした北欧諸国の飾り菓子として著名なものである。

まず少しずつ大きさの異なるリング型に、マカロン生地を絞って焼く。その上にグラスロワイヤルという、卵白で練った粉糖を細く細く絞って飾り、下から円錐状に積み上げてゆく。とくに誕生日や結婚式等の各種行事、あるいはさまざまなレセプションの食卓の飾りつけとして用いられる。ちょうどフランスにおけるクロカンブッシュと同じ使い方である。

ちなみに同じこれはノルウェーではクランセカーケ、デンマークではクランセカーゲと少

しずつ呼び方が変わるが、作り方、使われ方はまったく同じである。やはり北欧は国異なれどひとつの文化圏なのである。

ハンガリー

第65話　ドボシュ・トルタ

ドボシュ・トルタ Dobos Torta とはココア風味のトルテである。カラメルをぬって固めた薄いスポンジ生地を、小さな三角形に切って、扇風機のファンのように斜めに立てかけるシャレたデザインに仕立てる。

時として国という形態は戦争という行為によって翻弄される。その度に文化も……。このお菓子もそんなもののひとつといえる。東欧ハンガリーに発祥を持つが、その後の政治的な情況の変化とともに、オーストリアやドイツ語圏の各地に流れていった。

起源探るに、ハンガリーのドボシュ・C・ヨージェフという人が一八八四年に考案したもので、お菓子の名称も彼の名にちなむといわれている。デザインも立体的ですばらしく、味覚もココア・テイストに加えてカラメル風味にするなど、なかなかに進んだ感覚を駆使したアントルメで、腕、技量の高さがしのばれる。

またこのお菓子の形が太鼓に似ているところから、そのハンガリー語のドブ Dob をもじってドボシュの名がつけられたとの説もある。

第一次世界大戦終結の一九一八年までは、ハンガリーとオーストリアはハプスブルク家の支配する帝国であり、それゆえ今でも双方にまたがって親しまれているお菓子や、関連した名前のものが相互乗り入れしている。

ちなみにこのお菓子、オーストリアではドボストルテ Dobostorte の名で呼ばれている。もちろん作り方もデザインも変わらない。

トルコ

第66話　ロクム

どの国にも、その地で愛されている銘菓がある。そしてその多くのものが味わえるのが日本ともいわれている。これまでにも大方のものが紹介されてきたが、よくよく見たらまだいくらかの空白区があった。アラブ・イスラム圏のスイーツだ。この世界を改めてみてみると、その文化圏の広さにまず驚かされる。アフリカ、中近東から中央アジアにまで及んでいる。われわれはもう一方のこれらの世界にもっと目を向けてもいいような気が……。

かくいう筆者、かつてフランスやスイスに住んでいた頃、折りをみては各地に足を伸ばしていたが、特に中東には惹かれるものが多かった。その世界と西欧世界の接点にあるのがトルコで、双方の架け橋的な存在となっている。何となればイスタンブールより西がヨーロッパで、東がアジアというわけである。

さて、そうした地に降り立ってみると、西欧ほど華やかではないが、この国なりのスイーツがいろいろある。まずは蜂蜜自体がスイーツで、その専門店もあり、またアーモンドを挽いてペースト状にした後、かくいう蜂蜜やシロップ等の甘味と混ぜた、いわゆるマジパン風のものや、バクラヴァと称するものが目につく。これについては同項（一七二ページ）を参照されたい。

その他では、特にお薦めしたいのがロクムというお菓子である。見た目もカラフルで、一見ゼリーやパート・ド・フリュイ（pâte de fruit 果汁を固めたゼリー状のフランス菓子）、あるいは求肥《ぎゅうひ》を思わせるように作られ、サイコロ形に四角く切られて、箱詰めされている。パッケージもしっかりしていて、ご当地の一押しのおみやげ菓子であることが、そこからも伝わってくる。物自体は、砂糖にデンプンを加え、アーモンドやピスタチオ、ヘーゼルナッツ、クルミ、ココナッツ等を加えて作られるもので、トルコの他にもアルバニア、ブルガリア、北マケドニア、セルビアといったバルカン半島地域やギリシャ等でも好まれている。なお、英語圏では〝トルコの悦び〟を意味する、ターキッシュ・デライトの名で広く親しまれている。欧米文化に馴染んだ我々には、その色調からみて何となく甘酸っぱいフルーティーなものを想像しがちだが、実は全くそうではなく、前述のバクラヴァ同様しっかり甘い。が、そのうちにその甘さの優しさに体中が包まれてい

く。こうしたものを食べていると、アラブの人たちのお菓子に求める諸々の思いが、その甘さからじかに伝わってくる。ものは試し、ぜひこのターキッシュ・デライトと呼ばれるロクムを実際に口にお含みあれ。そしてゆっくりと味わってみられんことを……。今まで知らなかった、もう一方の世界がほの見えてこよう。そう、スイーツはその国、その土地、そこで暮らす人たちの確たるアイデンティティーでもあるのだ。

第67話　シガラボレイ

トルコ

端的に申し上げると、トルコの春巻きである。薄く延ばした小麦粉生地に、クリームチーズやパセリなどを包むが、その代わりにマッシュポテトにしてみたり、果実入りの甘味仕立てにしたりと、お好み次第でいろいろなフィリング（具）を楽しむことができる。大きさはそれこそ中華料理の春巻きほどから小指の先ほどの一口サイズまでさまざまに作られるが、それらをオーブンで焼いたり、熱した油で揚げるなどして供される。シガラはタバコ（シガレット）の意味で、形が葉巻に似ているところからの呼び名であろう。ボレイはボレッキというトルコの代表的な料理からきた語のようで、それは薄い小麦粉生地を使って作るパイ状のものをいう。なお、この手のものは多く、世界のいずれの地でも見かけることができる。あの薄く延ばした小麦粉生地はパータ・フィロと呼ばれているが、元をたどると遠く古代ギリシャ時代に生まれたといい、それで何かを包む方法は世界各地へと広がっていき、行く先々で多様なお菓子や料理に変身している。たとえば今日ドイツやオーストリア等で親しまれているシュツルーデルというお菓子。小麦粉、バター、卵等を混ぜて練った生地を薄く延ばし、下に敷いた新聞紙の文字が透けて読めるほどに広げる。そしてその生地の上にフルーツやナチュラルチーズ等の具を散らして巻き、焼き上げる。これについては、一三二ページのオーストリアの銘菓・シュツルーデルの項をご参照願いたい。その他では冒頭述べた如く、中国の方へ旅すると春巻きに変身していく。また日本にも来ているようだ。おでん種のひとつにガンモドキというものがあるが、それを関西では飛龍豆《ひろうず》と呼んでいる。思うに伝えられた初めの頃はフィロと呼ぶ生地で鳥か何かの肉を包み、揚げたものだったのではないか。で、肉食から離れて久しい人々は、揚げる手法を残して中身を豆腐に置き換えた。

そして江戸では名前を鳥肉のようだとして「雁モドキ」、関西ではフィロの複数形のフィロス、また豆を使うところから「飛龍豆」の文字を当てた……。これについても、南蛮菓子のヒリョウズの項（三四ページ）を参照されたい。ところでご当地のトルコでは、このシガラボレイの小型、指先ほどのものをパスティスとも呼んで、ちょっとしたパーティーのおつまみなどに用いられている。名前といい使用法といいまさしくヨーロッパ風で、トルコが地理的にアジアとヨーロッパの架け橋に位置していることを如実に物語っている。遠くギリシャで生まれた手法が西へ東へ、そして極東日本にまで旅していることを思うと、このシガラボレイ、何とはなしに愛おしいものに思えてこよう。

アメリカ

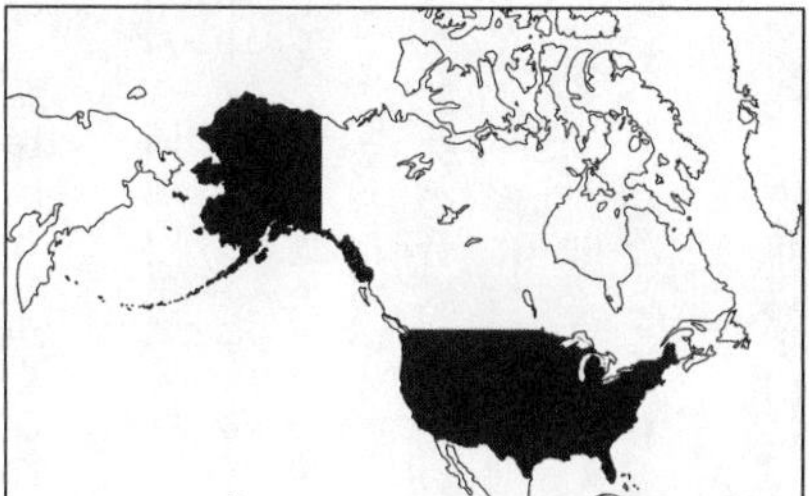

第68話　ドーナッツ

doughnut。アメリカ的なものとしてとらえるなら、発祥はともかくこれなどもふさわしいもののひとつといえる。

歴史をたどるとオランダに行きつくようで、古くから同地の家庭ではオリークックと呼ぶ、中央にくるみをのせた丸い揚げ菓子を作り、チーズやバターとともに食べていたという。そして十七世紀、イギリスを出てしばらくオランダに滞在したメイフラワー号の清教徒たちが、その間にこのお菓子を食べ、製法を習得したと伝えられている。

語源から探ると、生地の意味のドウ dough とナッツ nuts の合成語と思われる。そして後に中央にくるみを置かずに揚げられるようになったらしい。形については、丸やねじりん棒などさまざまあるが、リング形はアメリカに始まったようだ。まん中が空いていると揚げ時間が短くてすみ、かつ揚げむらがないという利点がある。こんなところも、いかにも合理的な考え方をするアメリカ的な発想といえる。

なおリング形については次のような話も伝わっている。二百年以上前に、ネイティブ・アメリカンが、妻の作っていたこの揚げ菓子の生地めがけて矢を射たところ、妻が驚いてその

生地を煮たった油の中に落としてしまった。その生地はみごと中央を射抜かれてリング形になっており、かえってむらなく揚がり、しごく美味だった。よって、以来わざわざその形に作るようになったという。あまりにできすぎで、いかにもまゆつばだが、話としてはおもしろい。また次のような話もある。

一八四七年にニューイングランドの輸送船の船長がその形を生み出したという説である。航海中に嵐に遭遇したハンソン・クロケット・グレゴリー船長は、何とかこの危機を乗り切ろうと、思わず手にしていたドーナッツを舵輪の棒の先に突き刺して懸命に船を操縦した。

ドーナッツの中心部を犠牲にした甲斐あってか、無事難を逃れることができたとか。以来そのことを記念して、このお菓子はあらかじめ中央に穴をあけて作られるようになったという。そして一九四七年には、リング形ドーナッツ誕生百周年の記念式典まで行われ、この話はますますもってもっともらしくなっていった。ホントかウソかはさておき、アメリカ人はこうした話が大好きだ。

第69話　シフォンケーキ

ふわっと焼き上げた、驚くほどに軽い口当たりのお菓子。これが作られたのはアメリカで、カリフォルニア州のハリー・ベーカー Harry Baker（一八八三―一九七四年）という人の考案といわれている。これまでにない全く新しい食感はたちまち評判を呼んだが、その製法は長らく極秘とされていた。そして一九四八年にそのレシピは大手食品会社のゼネラル・ミルズに売却され、それを機にたちまちメジャーなお菓子として、遍く知れ渡るようになっていった。

ところで、秘密とされていたあのフワッフワ感は、いったいどうしたらできるのか。ベーキングパウダーやイースト菌の発酵等でも多数の気泡は得られるが、シフォンケーキについては、卵白の持つ起泡性を最大限に利用している。またリッチな味に仕立てる油脂はバターではなくサラダオイルを使っている。バターは焼き上げ、お菓子として完成した後でも冷やせば固まるが、サラダオイルはどうなろうとも固まらず、いつもなめらかな食感を与えてくれる。加えて作り方にもサプライズな工夫が凝らされていた。どんなものでもフワッと膨れた後は、必ずいくらかはしぼむもの。ところがこれについてはひとひねりある焼き型が用い

られていた。実は型の内側の表面が横目の肌合いに作られていたのだ。普通お菓子の焼き型というのは、焼成後に取り外しやすいように、表面をツルツルにしたり、縦目にしたり、あるいは昨今などはテフロン加工やシリコン加工にしたりするものだが、わざと生地の型離れが悪いようにする。しかも型の中央にも穴をあけて、大きなリング状に作る。こうすると、膨れ上がって型の表面に付着した生地が、しぼんで落ち込もうとする時に、内側からも外側からも引っ張られ、結果膨れたままの状態が保たれる。後から見れば何でもないことのようだが、そんなちょっとしたことを思いつくこと自体が大変なことなのだ。そして今、このお菓子はプレーンなものから、チョコレート味、コーヒー味、あるいは日本風の抹茶味など、いろいろなヴァリエーションが楽しまれ、世界の何処の地でも、すっかり市民権を得るまでに至っている。ちょっとしたアイデアは、時として莫大な富も生むが、それはさておき、多くの人に限りなく大きな喜びを与えることにもなるという、恰好の事例のひとつが、ここにご紹介したシフォンケーキである。

第70話　悪魔のお菓子と天使のお菓子

デビルス・フード・ケイク devil's food cake、訳すまでもなく悪魔のお菓子。アメリカやイギリスで作られているチョコレートケーキの一種である。〝悪魔は黒〟のイメージからの命名だろうが、その味覚、悪魔の誘いのごとく美味この上なしということか、幅広く、そして息長く親しまれてきている。

チョコレート味のスポンジケーキにチョコレートクリームをはさみ、全体も同じクリームでカヴァーする。上面には削りチョコレートをまぶしたり、あるいは溶かしたチョコレートでコーティングすることもある。ともかくもチョコレートずくめの黒いお菓子だ。フランスでもチョコレートをベースにしたアントルメで、ディアーブル・ノワール diable noir またはガトー・デュ・ディアーブル gâteau du diable と呼ばれるものがある。前者は黒い悪魔、後者は悪魔のお菓子という意味で、同じ発想による命名である。

ところでそのアメリカで、これと対をなすお菓子がある。その名もエンジェル・ケイク angel cake、天使のお菓子。

通常のスポンジケーキは全卵で仕込んで焼くが、これに限っては卵白のみを使用する。したがって焼き上がったお菓子の断面は白い。そして表面もバタークリームあるいは生クリームをぬって白く仕上げる。クリーミーな天使もおいしそうだが、香り高い悪魔のささやきにも心引かれる。ダイエットを余儀なくされる身で、このふたつを並べられたらつらい選択を迫られよう。

それにしても黒は悪魔、白は天使とは、いったい誰が決めたのか。

悪魔のお菓子

天使のお菓子

コラム　パイとタート

アメリカも先住民の人たちのものをさておけば、それほど歴史ある食文化を持った国ではない。その点では、洋菓子に限っていえば日本や北欧諸国と同じような立場にある。

ただしいかにもアメリカ的というものも確かにある。たとえばパイpieとかタートtartと呼ばれる皿状のお菓子など。フランス菓子でいうところのタルトだが、フランスのようにあれとこれは合う、これは合わないなどという素材同士のコンビネーションの小うるさい取り決めなどいっさいなく、おいしそうなものなら何でものっけてしまう、何でもありのお菓子だ。そして映画などのドタバタ劇ではこれを顔面めがけて派手にぶつけ合う。まさしくアメリカならではの使い方もある。

ところでパイとタートとはどう違うのだろうか？

似たようなものだが、ニュアンスがちょっと異なるようだ。つまりタートとは皿状あるいは平たい形の丸いお菓子で、いわゆるパイを含めたすべての総称。一方のパイとは、上面に生地やクリーム等でふたをして中身が見えないようにしたものを特にいう呼称という。すなわち中身がまる見えならタート、見えなければパイでもタートでも、というわけである。

とはいうものの、当のアメリカ人もその実はっきりとは捉えていないというところがある。そんなアバウトなところが、いかにもこの国らしくていい。何事にも黒白つけたり、線引きしたがる日本人はまじめすぎるのか。

アップルパイ

ペカンナッツタート

太平洋の国々

第71話　ハワイアン・バター餅

アメリカ・ハワイ

常夏の島ハワイ。私たちにとっては昔から夢のまた夢の世界であった。古くは岡晴夫の〝憧れのハワイ航路〟の甘いメロディーで、文字通り憧れる心をかき立て、昭和三十年代にはハワイアングループが一世を風靡。次いで新婚旅行の聖地にも……。ところでこのハワイと日本との結びつきも、遡るとかなりの時を刻んでいる。太平洋を挟んだ日本とアメリカ本土のほぼ中間に位置するため、双方から移住してきた人たちも少なくない。さて、その日本から移っていった方々だが、望郷の念を含めてさまざまな葛藤があったことと思われる。そして結果、彼らなりの文化を生み育んでいくことになる。ハワイという地に元よりあるポリネシア文化にアメリカ文化を融合させたその上に、さらに日本文化を摺り合わせた、一種独特の日系ハワイ文化が生まれる。パールハーバー攻撃に始まった太平洋戦争でひと時辛い思いをしながらも、長い時を経て作り上げてきた、その文化の片鱗が、日常生活の中で随所に見受けられる。ここではそんな中のひとつのバター餅というものを取り上げてみたい。

餅という名が付されてはいるものの、形状はパウンド・ケーキである。しかしながら材料にはしかと餅粉を使っている。このあたりに、移り住んできたとはいえ大和魂忘れまじの想いが強く感じられる。そしてこの素材の中にバターやコンデンスミルク、ベーキングパウダーといったアメリカ文化をドッキングさせ、さらにご当地南洋の、トロピカルフーズの代表格たるココナッツのミルクを溶け込ませて作るのだ。ここまで舞台が調ったら、仕上げにはトロピカルフルーツなどを添えてみてはいかがか。グアバやパパイヤ等いろいろあろうが、ここハワイにおいては、やはり何といってもパイナップルが一番似つかわしいか。ドールという企業の努力あってのこととも思うが、一面に広がるパイナップル畑を見るにつけ、これをもって世界に打って出たこの地の人々の熱意を感じずにはいられない。なお、バター餅という呼び名については、言わずもがな日本人のアイデンティティーの表れここに極まれりの感が否めない。古くは南蛮渡来の頃より、パンやスポンジケーキの類を、他の適切な表現が見当たらなかったこともあったにせよ、これを餅の類として捉えていた経緯もある。幾多の曲折を経ながらも長く伝え続けられた、想うほどにもの悲しく、そしてたまらない切なさも併せ持つ、そんなバター餅を、ここでは心してご紹介させて頂く。

オーストラリア

第72話　パヴロヴァ

この度は別の大陸、オーストラリアに渡ってみよう。ここにも当地より発して世界に羽ばたいていった銘菓がある。パヴロヴァという名のアントルメである。フランスでＭＯＦ(Meilleurs Ouvriers de France の略）と呼ばれるフランス最高技術者章の資格試験のテーマとして出題されることもある名品である。

いくつかの作り方があるが、一般的なところでは、乾燥焼きにしたメレンゲに泡立てた生クリームを詰め、さまざまなフルーツを彩りよく盛りつけて仕上げる。

名前の由来を調べると、ロシアのバレエダンサー、アンナ・パヴロヴァからきているようだ。彼女は世界ツアーを行った最初のバレエダンサーとして知られているが、彼女がその世界ツアー中に立ち寄ったオーストラリアで、一九二六年にこのお菓子を口にしたとされている。また別説では同じ年にニュージーランドのウェリントンのホテルでこれを食べたとも。果たしてどちらが先なのか。詳細は分かりかねるが、今日では双方の地の銘菓として親しまれている。なおこのお菓子、彼女が「何か美味しいスイーツが食べたいわ」と言ったところ、「かしこまりました。ではこんなものを……」としてだされたのがこれであったと伝え

られている。しかしながら、このお菓子のベースとなるメレンゲはかなりの厚みを持って作られ、これをパリパリと美味しく食べられるようにしっかり乾燥焼きにするには、少なくとも数時間はかかる。そしてそれを冷まして泡立てた生クリームを絞り、フルーツを飾って……となると、そう簡単に〝はい、かしこまりました、ではこんなものを〟と出せるわけがない。よってこのあたりは、お話としては面白いが現実としては少々無理があるようだ。ただ、お菓子とはあくまでも夢のもの。どこそこが一番先に作ったとか、どんな状況で口にされたかなど、あまり深く突っ込んで、はっきりと白黒つけるなどということはしなくてもいいのではないか。食べて美味しければそれで充分？　おそらくパヴロヴァさんもそれほど深く考えずに、ただ、〝あら、美味しいわ〟と口にされたことと思われるが。さて、このお菓子だが、普通のメレンゲとは少しばかり異なった作り方がなされる。通常は卵白と砂糖だけで泡立てるが、ここにほんの少しだけワインビネ

ガーまたは酢を混ぜ込む。こうして作ると、口にした時に、ふわっとしたかすかな酸味と香味が広がるのだ。この辺りが、これを手掛けた料理人なり製菓人の、ひとひねりしたポイントのようだ。そして次に加える粉砂糖だが、これにも少々コーンスターチを加えている。こうすることによって、泡立てたメレンゲがより粘性を持ち、しっかりした状態になる。別にノーマルな方法で作ってもちゃんとそれなりにはできるのだが、それでも少しでも美味しく召し上がって頂くにはどうしたらいいかと趣向を凝らす。作り手というのは、いつもそうしたことに細心の注意を払いつつ日々の仕事に勤しんでいるものなのだ。

アジアの国々

第73話　ガジャルハルワ

インド

インドという国は、ミステリアスな魅力に溢れた地だ。食文化的には日本から見ると、インドを境にしてあちら側が麦の文化圏でこちら側が米の文化圏ということになろうか。ただインドだけは神様が両方とも蒔いてしまったようで、カレーライスといわれるように米も有りながら、小麦粉を使ったナンというパンも食している。さらにカレーに見られる如く、多くの香辛料に恵まれる一方で、甘味文化の原点ともいえる砂糖発祥の地としても知られている。加えて宗教上の理由もあって牛を大切にするというところから、ミルク粥などに代表されるように、ミルクを使った主食や副食も多く見かける。

前置きが長くなったが、そうした地にガジャルハルワというスウィーティーなデザート菓子がある。ガジャルとは人参のこと、そしてハルワとは、ギーと呼ぶ溶かしバターのようなものを砂糖と一緒にして長時間煮込んで作るお菓子のことで、カルダモン風味に作られたご当地風のキャロットデザートである。インドでは野菜類の摂取を非常に大切にしていることも、こうしたお菓子を好む要因のひとつと思われる。ところで香辛料だが、カレーがあれほどスパイシーなことからもお分かりの如く、この地は昔からそうしたものの宝庫でもある。

胡椒、ナツメグ、メース、カルダモン等さまざまあり、かつては同じ目方の金と取引されたとか。そのうちのカルダモンをしかと使っているゆえ、このお菓子は当地のスペシャリテとして、その名に恥じぬものであることがお分かり頂けよう。またこのカルダモンは、今日広くインド料理に用いられる他、製菓面では、ここに取り上げたガジャルハルワをはじめ、スパイシーな焼き菓子やクッキー類などにもよく使われている。ところでインドといえば総じて暑い土地柄と思われているが、寒い時はちゃんと寒い。そんな折、当地では体が温まるとして、これを入れた紅茶が飲まれている。中近東などのアラブ諸国では、カルダモン入りのコーヒーを飲んでいるが、これは逆に暑さを凌ぐためという。汗をかくことによって体温が下がることを自然に身を以て知った末のことと思われる。インドなどを旅している際、〝チャイ・ピエゲ・キャー〟の声を頻繁に掛けられる。チャイは「お茶」、ピエゲは「飲む」、キャーは「〜しないかね」で、つまり〝お茶でも飲んでいかんかねぇ〟の意味である。そうした時の紅茶には必ずといっていいほど、これが入っている。かくいうカルダモンは、それほどに深く日常に入り込んでいるのだ。大切にしている野菜の代表格たる人参に、さらに大事なカルダモンを加えたこのガジャルハルワ。かの地の人々が、このスイーツをどれほど深く広く愛しているか頷けもしよう。

韓国

第74話　サムセクキョンダン

お隣の韓国。この国との結びつきの古さは今さら申すまでもない。一度でも訪れたことのある方ならお分かりと思うが、日本の文化と似通った面を随所に感じよう。唐、天竺といわれた中国やインドの文化、あるいはさらに彼方のペルシャあたりからシルクロードを通って東方に来るもの等々、その多くがお隣の朝鮮半島を経由して日本に入ってくる。よって、双方ともが、根を同一にした文化圏と言うことができようか。お菓子の分野とて例外ではない。他の多くの文化とともにこの国を通って、たくさんのスイーツが紹介されてきた。

さて、ここに取り上げさせて頂くサムセクキョンダンだが、これは日本語に直せば三色団子である。文字通り三つの彩りを以て作る三色（サムセク）だが、五つの味覚で作れば五色団子（オセクキョンダン）となる。何を使って三色にしてもいいが、たとえば桜のフレークを使ってピンク、スポンジケーキの裏ごしをまぶして黄色、すりおろした黒ごまを使って黒の色付けをすれば三色になる。ちなみに五色にするとしたら？　シナモンやココアパウダーをまぶして茶色、栗を粉にしてまぶす薄黄色等を加えれば五色となろうし、その他白胡麻を絡めて白色、梅シソを刻んでまぶして赤紫等々、アレンジ次第でどんな色のお団子でも作り出すことができる。当のあちらでもけっこう自由に作っているようだ。ではその元となる、韓国の上流にある中国の団子の祖先とはどんなものか。その辺りを探ってみよう。日本がすべてにおいて未熟だった頃、中国大陸より多くの先進文化が伝わったが、その中にいくつかのお菓子があった。日本ではそれまでお菓子といえば果実のことで、梨、栗、ざくろ、りんご、桃、柿といった木になる果物と、瓜、なす、あけび、いちご、蓮の実などの草になるものが間食用の果子、すなわちお菓子として親しまれていた。そこへ中国大陸から加工食品としてのお菓子が伝わってくる。源 順《したごう》が承平年間（九三一―九三八年）に著した『倭名類聚《わみょうるいじゅ》鈔《しょう》』などを見るに、八種唐菓子と呼ばれるものが出てくる。このあたりについては、後述の「唐菓子」のコラムを参照されたいが、その中に団喜《だんき》というものがあり、それがいうところの団子にあたる。米粉をこねて何かの具を包むもので、今日のものの原形といえようか。伝えられたわが国は、これを基にし、草団子、みたらし団子等々、さまざまな形をもって折々の生活に密着し根付かせていく。こうしてみると、サムセクキョンダンは、発祥の中国と終点の日本のちょうど中間で花開いた銘菓といえまいか。ともあれ読者の皆様もご自分流の三色なり五色なりのお団子をお楽しみ頂けたら幸いである。

中国

第75話　月餅（ユエピン）

中国にもいろいろなお菓子があるが、そうした中でもわれわれにもっとも親しまれているものに月餅がある。日本語読みではゲッペイだが、あちらではユエピンと発音されている。月に餅と書く如く、それは満月に見たてた丸い形に作られる。そして表面にはいろいろなデザインが施されるが、中央には概ね月餅の文字、あるいは壽等おめでたい意味を表わす文字等が浮き出るように作られる。ではその中身は？　中国各地でそれぞれ特徴を出すべく、いろいろなものが詰められ供されている。最も一般的なものは、広式といわれる広東省スタイルである。これは皮も中身も含めて全体がソフトな食感に作られ、フィリング（具）として小豆や蓮の実、クルミ等を使った餡が使われ、塩漬けのアヒルの卵の黄身なども詰められている。一方北の方の北京などでは、水分を飛ばして硬めに作られた餡が使われ、松の実やクルミといったナッツ類が詰められたものが好まれている。なお近頃香港あたりではアイス状のものなど、新しいテイストが楽しまれてもいる。

ところでこの月餅、その名と形から想像がつくように中秋節といわれる旧暦八月十五日に、家族や親類縁者が集まって、上ってくる満月を愛でながら食べる習慣がある。もちろん普段でも食べるが、とりわけこの時にはなくてはならないものとなっている。日本でも同様

にこの時の月を中（仲）秋の名月と呼び親しんでいるが、ただそれを愛でる際に楽しまれるお菓子は、月餅風のものではなく、お団子が用いられている。ともに丸い形ではあるが、中国の平面的な丸に対して、日本の方はより立体的な球状をしているところが面白い。日本人は昔から月は地球と同じ球体だということが分かっていたのだろうか。またその楽しみ方にも、日本人らしさが窺える。三方の上にきちんと積み上げられたお団子を名月に捧げる。彼方に浮かぶその月で愛らしいうさぎが、そのお団子の元となるべきお餅を搗《つ》いている。加えてそこにすすきの穂がシルエットとなって名脇役を演じる。情感溢れる日本人のたおやかさが伝わってくる情景といえよう。

かように楽しみ方はいろいろだが、当の中国ではこの中秋節が近づいてくると、親しい人や常日頃お世話になっている大切な方々への贈り物に、多くの場合この月餅が用いられる。あちこちに贈るとなるとけっこうな手間と労力がかかるため、近頃は便宜性を考慮してか月餅専用のギフト券が出回っている。私たちが日頃便利に使用しているビール券や図書券といった感覚だ。また出費をする方としては、一時の支払いもかなりの負担になるとして、そのための積み立ても行われているとか。当地の人たちにとっては、それほどに大切な、そして大きな行事のひとつでもあるということの証でもある。

中国

第76話　杏仁豆腐

中華料理にもさまざまなデザートが供される。一連のコースの最後によく出されるものに、桃の形や胡麻をまぶしたまん丸のアンマン等がある。そうしたものももちろん美味しいが、お腹一杯に詰め込んだご馳走の後では、食べたくてもちょっと手が出にくい。そんな時にでもツルンと入ってしまうのが杏仁豆腐であろう。特に日本人には、この類のものは殊の外好まれているようだ。和菓子におけるあんみつやみつ豆、洋菓子においてのゼリーやバヴァロワ等と同じ感覚で受け取っているためであろうか。

さてこの杏仁豆腐、申した如く中国発の代表的なデザート菓子として広く知られたものだが、実はこの呼び方がむずかしい。日本では「きょうにんどうふ」とか「しんれんどうふ」とも言われるが、今日では「あんにんどうふ」の呼び方が一般的になってきている。ではその本場ではどうか。一口に中国といっても広い。どこが本場かとなると、さまざまに議論を呼ぼうが、たとえば中国大陸の標準語とされる北京語では「シンレンドウフ」で、キョウニンでもアンニンでもない。広東語を使っている香港では「ハンヤンドウフ」で、聞き様では「アンニン」に少々近いように感じる。上海に行くと、これがやっと「アンニンドウフ」となる。何とか日頃から馴染んできた発音に巡り会えたようだ。明治時代に上海辺りから中華料理とともにこれが入ってきて、その呼び名がそのまま生き残ったのだろう。では「キョウニン」は？　よく分からないが、おそらく〝杏仁〟の文字を日本人なりに音読みにしたものではなかろうか……。それはさておきこのお菓子だが、そもそもは杏の中の仁が喘息《ぜんそく》等の治療に効果があるとのことで、それを用いた薬膳料理の一種であったというが、今やすっかり

定番デザートとして定着し、広く親しまれるまでになっている。なお、現在杏仁豆腐として売られているものは、実質的には、杏の仁によく似た香りを持つアーモンドのフレーバーを使ったものが多く見られる。ただ、それでは表示違反になるのではとの懸念も湧いてこようが、このあたりの取り決めも曖昧で、かつ現代中国語ではアーモンドを杏仁と表記していることもあり、話はさらにややこしくなってくる。早い話が、本来杏の仁で作られるものだが、アーモンドの香りで作るものも正調杏仁豆腐として認められている、ということなのだ。

ところで、お菓子大国フランスにもこれとそっくりのお菓子がある。ブランマンジェ blanc-manger という甘味デ

ザートだ。意味は「白い食べ物」で、こちらは杏ではなくハナからアーモンドの香りを生かすべくして作られる。またアーモンドでなければ本物ではない、ともされている。これについては同国のお菓子の項（七四ページ）を参照されたい。

さりながらこの二国におけるデザート菓子の対比が面白い。中国の杏仁豆腐、フランスのブランマンジェ、別々に発達したものか、あるいは東西の何れかから伝わったものか。さすれば何れが先か……。甚だ興味が持たれる。

日本の洋菓子

第77話　スウィート・ポテト

さつまいもをベースに、種々の味つけをして洋風に仕上げたお菓子。あえて定義付けをすればこんなところか。

明治の初め頃、それまでの南蛮菓子とは様子がちがう、いわゆる西洋菓子が入ってきた。あらゆるものが一時に入ってくるわけだから受け手も大変である。カルチャーショック、異文化にとまどう間もあらばこそ、持ち前の進取の精神を遺憾なく発揮して、次々と取り入れ、学び、自分たちのものにしていった。そしてその技術や情報を生かしてさらに新たなものを生み出してゆく。ほかの分野も同様だろうがお菓子の世界も例外ではない。

何ごとにも果敢にトライする御菓子司の職人たちは知識を生かす知恵を身につけていた。「そうだ、日本にはさつまいもがある。これを使ってなんとか洋風のお菓子ができないものか」こんなことを考えたようだ。それでなくてもこの芋は九里《くり》（栗）四里《より》うまい十三里などといわれた、うまいものの代表格。これを使えばうまいものができないわけがないと、ああだこうだと手を尽してみた。

芋をほぐしてさらに甘くと砂糖を加え、バターに卵、ほんの少々の洋酒を入れて練り上げる。このあたりは餡の要領で心得たものである。後はどう形づくるかだ。容器がなければ、むいた皮に盛りつけてみようか。ビスケット生地にも絞ってみよう。こうしてでき上がったのがこのお菓子。名づけてスウィート・ポテト。まさしく和魂洋才の逸品である。

明治の人はエライ！

ちなみにその明治の人とは、当時日本の甘味業界をリードしていた銀座の米津凮月堂で、製造面の総帥を務めていた門林弥太郎という人で、実は筆者の母方の祖父。そう、あの頃の人たちはみなさんいろんなことを考えたようだ。

第78話　ショートケーキ

日本における洋菓子の代表はなんといってもいちごをのせたショートケーキだろう。どこにもありそうでいて、世界のどの国にも見当たらない。思えば不思議なお菓子である。

ではこれはいつ頃生まれ、いかなるプロセスをもって完成され広まったのか。

このお菓子の組み立ては南蛮菓子カステーラとして伝わって久しい。このうちのスポンジケーキについては南蛮菓子カステーラとして伝わって久しい。またいちごも、江戸末期にはオランダ人によって今様のものが伝えられていた。問題は生クリームである。幕末から明治初期にかけて牧場はすでに開かれていたから、牛乳の濃厚な上澄み、すなわち生クリームは、ほんの少しではあるが手に入ることは入っていた。ただ、お菓子に使うほど潤沢な量は望めなかったはず。

こんな時代がしばらく続き、大正十三（一九二四）年頃、アメリカのデラバル社製の遠心分離式生クリーム製造機が輸入された。ちょうどその頃フランスより、リアルタイムの情報を持って一人の製菓人が帰ってくる。コロンバンというフランス菓子屋を開いた門倉國輝である。そして彼の手によって昭和十一年（一説には六年）、ショートケーキの名で、そのお

菓子が売られたという。おそらく彼は初めのうちはフランスで習得してきたセオリーにしたがって製品を手がけていたと思われる。が、そのままでは日本人の口に合いにくいと試行錯誤をくり返すうちに、さまざまにアレンジが行われ、彼あるいはその周辺の手によって、フランス菓子にはあまり見られないスポンジケーキと生クリームの組み合わせもなされ、日本人が美味と感じる柔らかくしっとりとしたケーキが誕生した。飾りに適当な大きさのフルーツなどがのせられ、いつしか彩りも良く形もかわいく、クリームとマッチする、ほどよい酸味を持ついちごに落ち着いていった……。

こうして今日いうところのショートケーキの原形ができ上がったようだ。時はいつとは断定しかねるが、昭和の初め頃から十一年のいくらか手前頃までの間ということができようか。

ところで、フランス菓子から入っていった門倉國輝周辺説もさりながら、もうひとつの有力な候補者がいる。藤井林右衛門率いる不二家説である。多くのお菓子屋がフランス指向を強めていく中、同店ほどアメリカ研究に勤しんできたお菓子屋もない。実はそのアメリカにストロベリーショートケイクというお菓子があるのだ。厚めのビスケット生地を二枚に切り、一枚の上に泡立てた生クリームといちごをのせ、もう一枚のビスケット生地を重ねて、またその上に泡立てた生クリームといちごをのせて作る。藤井氏はこれに目を付けて導入。ただしそこに少しばかりアレンジを加えた。日本人は口当たりの柔らかいものを好むとして、ベースになっているビスケット生地をスポンジケーキに置き換えてみたのだ。こうしてできたのが日本風のショートケーキではなかろうか。ちなみに現在売られている同社の丸いショートケーキを見てみると、その辺りが何となく分かってくる。他店のものは表面すべてを覆っているので分かりにくいが、不二家のものは側面にはクリームを塗っていない。よって脇からはスポンジケーキとクリームの段重ねがそのまま見て取れる。あのスポンジケーキをビスケット生地に置き換えれば、アメリカにある元の姿のストロベリーショートケイクが見えてくる。先のフランスから入ったコロンバン説もしくはアメリカからの不二家説、何れが日本のショートケーキの生みの親なのか。さまざまな状況から推すと不二家説に分があるように思えるが、さて……。

次にショートケーキという呼称の由来について探ってみよう。

ショートとは本来「サクサクした」という意味の語で、決して「短い、小さい」というわけではない。したがってショートケーキとはあくまでもクッキー状のお菓子を指す。現に英語圏におもむいてショートケイクとオーダーすれば、クッキーやビスケットの形態のお菓子が供される。遡ること明治二十二（一八八九）年の文献『和洋菓子製法独案内』にてもすでにScotch short bread cakesやDerby short cakes（スコットランドショルドプレッケーキ、デルビーショルドケーキ・原文のまま）なるものが紹介され、ちゃんとクッキーの作り方が記されている。すなわち生地をまとめて一寸（約三センチ）程に延ばし、型で抜いて焼く……というように。それではこの呼び名がどうしてスポンジ使用のクリーム菓子に置き換わったのか。そこで不二家説に戻るのだが、藤井氏がサクサクしたという意味のショートケイクという名称はそのままに、ビスケット生地をスポンジ生地に置き換えて作った、その名残りではないか。これは筆者の推量だが。

では、その発祥や名称はさておき、このお菓子が本格的に広まっていったのはいつ頃か。これについては、生クリーム自体が潤沢に供給され出してからのことで、それは戦後もしばらくたった頃のこと。何よりこうした日持ちのしないものを安心して販売するにあたっては、冷蔵庫、冷蔵ショーケースの普及が不可欠な条件となってくる。それがお目見得するのがようやく昭和三十年頃のことで、これを境としていわゆるショートケーキを含めた生菓子類が、われわれの生活に一気に広まりなじんでいったのである。

そして今や、ショートケーキは、プリン、シュークリームと並ぶ定番中の定番として、わが国の洋菓子を席巻するにいたっている。

バースデイやクリスマスはもとより、近頃はひなまつりでさえも、この種のデコレーションケーキ一色の商戦となりつつある。ここまで浸透すれば、もはや日本の銘菓の名に恥じぬ不滅の名品といっていい。

それにしても、「プリン」は英国のプディングのなまった音であり、「シュークリーム」はフランス語のシューなる言葉と英語のクリームの合成語、「ショートケーキ」は述べたごとくの語源不明。御三家がそろいもそろって勝手な解釈の和製外国語というのもおもしろい。まこと、お菓子な国ニッポンか。

つまらぬことにこだわるな、お菓子なんて、食べてうまけりゃいいではないか？　いや、ごもっとも。

和菓子

コラム　唐菓子

公式に仏教が伝えられたのは宣化天皇戊午《ツチノエウマ》（五三八）年とされているが、実際には大陸からの多くの渡来人により、それよりはもう少し早めにもたらされていたという。まあ多少の誤差はあったにせよ、その頃よりわが大和民族は大陸との接触を持ち、年追うごとに親交を深めていったわけである。彼らはまたそれにつれて、さまざまなことを学んでいく。たとえば間食としての食べものにあっても、自然物をそのまま食べるだけでなくいろいろな方法で加工するという調理技術に触れていった。それらは大陸・唐の国より伝わったものというわけで、唐《から》菓子、唐《から》クダモノと称して人々に親しまれていった。そしてこれが日本のお菓子の原点となってゆく。

少しのぞいてみよう、時を長いスパンでみてみるとけっこうな種類があがってくるが、はじめの頃に限ってみると、俗に〝八種唐菓子〟と称されるものが登場してくる。後にこれに加えること十四種の果餅《かへい》があるとか、さらにあれも加えこれもと広がってくるわけだが、それはさておきその八種とやらを以下に記す。昔のものゆえ文字も読み方もなじみにくいが、梅子《ばいし》、桃子《とうし》、餲餬《かっこ》、桂心《けいしん》、黏臍《てんせい》、饆饠《ひちら》、䭔子《ついし》、および団喜《だんき》である。

梅子や桃子は米粉をゆでて枝分かれのように形づくったもの。餲餬はすくも虫の幼虫のことで、それに模した形の揚げもの。桂心は肉桂《につけい》で香りをつけたもの。黏臍はおへその形の揚げ餅。饆饠は小麦粉やもち米で餡を包み、平たい形にしたもの。䭔子は丸めた餅。団喜は団子。かよう加工食品の誕生である。ついその前までの自然物採集経済から見れば大変な進歩である。

難解ついでに十四種の果餅についても記しておく。餢飳《ふと》、糫餅《まがり》、結果《かくなわ》、捻頭《むぎかた》、索餅《さくへい》、粉熟《ふずく》、餛飩《こんとん》、餅餤《へいたん》、餺飥《ほうとう》、魚形《ぎょぎょう》、椿餅《つばいもち》、餅餉《へいこう》、粔籹《こめ》、そして煎餅《いりもち》。読むだけでも大変なくらいだから、分からぬものも少なくない。それにしても昔の日本語はむずかしい。

くる。

和菓子事始め

武家社会が確立をみる鎌倉時代、分かりやすい教義の新しい宗教が興り、民衆に広まっていった。食文化にあって特筆すべきはそうしたうちの臨済宗を開いた栄西が、中国から茶の種をもたらしたことである。当初薬用飲料であった茶は、華やかな室町文化にあって茶の湯趣味として流行を見てゆく。そしてそれに付随する形で茶会の点心がお菓子として発達してくる。

点心というと、今日一般には中華料理の一部としてあまねく理解されているが、仏教では食事と食事の間、あるいは朝食前の空腹時にほんの少し食することを意味する禅の用語であるそうな。これが拡大解釈され、その折食するもの自体をも点心と呼ぶようになっていったという。いってみればおやつの感覚である。

はじめの頃の点心とは、饅頭、果実、餅、麵といったもので、あくまで添えもの的な域を出るものではなかった。

ところが東山文化と称された足利義政の頃には、述べたように茶道が盛んになり、それに合わせてただのおやつであった点心が、さらに洗練されたお菓子として発達し、茶の子と呼ばれて茶の引き立て役を務めるようになっていった。

風雅な趣きを良しとする京菓子が確立を見ていくのもこの頃である。内容的にも練り菓子、餅菓子、蒸し菓子、干菓子とラインナップも充実し、それが時に従い、味覚、形態、感性ともに研ぎ澄まされて今日の姿へと完成されてくる。

点心、これこそが唐菓子を出発点とした、いうところの和菓子の始まりなのである。

第79話　饅頭

和菓子といわれるもののおおむねがそうであるように、この起源も中国に事を発する。伝承によれば、『三国志』で知られる諸葛孔明が南征の際、悩まされていた荒天を鎮めるために人頭を生けにえにとの従者の進言を受けた。あたら人命失うを忍びずと、麺に豚や羊の肉を混ぜて人頭に模し、祭壇に供えたところ天候は回復し、無事進軍を果し、南蛮を平定することができたという。この故事から人頭に模したそれを蛮頭、転じて饅頭と呼ぶようになったとか。ソフトにしてやさしく温かいイメージからはおよそ想像し難い恐しい話である。

日本への登場は、諸説あるが確かなところでは次のような話が伝わっている。

ひとつは鎌倉中期の一二四一年、宋より帰った僧侶・聖一国師が博多に住んだ折、留学先で習いおぼえた饅頭の製法を、虎屋という屋号の茶店を営んでいた栗波吉右衛門という人に伝えたというものである。

もうひとつは南北朝の頃の一三四九年、南朝でいえば正平四年、北朝暦では貞和五年、元に留学していた僧侶の龍山禅師が帰国の折、弟子としていた林浄因を伴ってきた。彼は饅頭

の製法を心得ていて、来日後居を定めた奈良においてそれを手がけた。彼は後に姓を改めて塩瀬と称したが、これが世に言う塩瀬饅頭の始まりという。

ただ実際にはそれらより早く鎌倉の初めにはすでにお目見得していたらしい。そして一般化するきっかけとなったのが、かくいう高僧との関わりから……。

何事につけ今も昔もお墨付きの効果は絶大なものがある。しこうして饅頭は津々浦々へ。

第80話　羊羹《ようかん》

羊羹、思えば不思議な字面《じづら》である。もともとは羹《あつもの》と呼ばれる、肉や魚介類を入れた熱い汁であった。それが禅僧によって中国から伝えられ、肉食の習慣になじまぬところから具は豆粉やくず粉など植物性のものに置き換えられていった。そして室町の頃、茶道の点心に用いられ、そのうちに汁がはずされて中身だけの利用になった。形や色が羊の肝臓を思わせるとのことから羊羹と呼ばれるようになり、味覚にあっては、当初は甘葛《あまかずら》を煎じて甘味仕立てにされたが、後に砂糖が普及するにしたがってそちらに移っていった。変わり始めの頃は、それ以前のものと区別するために、わざわざ砂糖羊羹と称していたという。

また長らく蒸し菓子として作られてきたが、寒天《かんてん》との出合いを持つことによって運命がまた変わる。寒天とはご存知のようにテングサで作られるものである。これを天日で乾かし、煮て冷まし固めたものが心太《ところてん》。さらにこれを寒夜の冷気にさらして乾かす。よって寒ざらしの心太ということで寒天という。形にならないものを固めるには、凍らせるかまたは焼くなり蒸すといった加熱方法がとられる。それまでの羊羹は記したように蒸して保形性を与えていたが、寒天を混ぜることにより、蒸さずにただ練るだけで放置すれば固まってしまうこと

を人々は会得した。今にして思えばなんでもないことのようだが、西洋菓子におけるゼラチンの発見と同じで、お菓子の世界にとっては一大革命なのだ。以来羊羹はその手法に基いて作り続けられ、今では練り菓子の代表選手の扱いを受けるにいたっている。

こうしてみると、たかが羊羹一本といえど、今に行きつくまでには何段階かの出合いとそれによるターニングポイントがあったことが分かる。

ちなみに現在栗蒸し羊羹というものがあり、あえて蒸すという語を入れてほかと区別しているが、顧みるなら本来はこちらが本家なのである。ほかの羊羹ども、頭が高いッ？

第81話　餅

餅の語源は糯飯《もちいい》で、これが詰まってモチイとなりモチとなったという。すなわち糯米《もちごめ》で作った飯《いい》というわけである。

ただ、いわれ逸話というものはいくつもあるもので、たとえば安永六（一七七七）年に谷川士清《ことすが》の書いた『倭訓栞《わくんのしおり》』という、当時の一種の国語辞典では次のように述べている。「望《もち》飯《い》の義、望月より出たる名なるべし」すなわち、〝丸い月を望月《もちづき》というごとく、飯《いい》をついて丸くしたものゆえ望飯《もちいい》といい、それが詰まってモチとなった〟と説明している。

なるほどいろいろな見方があるものである。糯飯か望飯か真相霧の中だが、いずれにしてもわれわれのご先祖たちは、昔からこれを搗《つ》いてはことあるごとに神前に供えていた。また祝賀の時にも餅を搗き、その意を表わしてきた。この習慣はだいぶ薄れてきたとはいえ、今日でもしかと受け継がれている。

さてこの餅だが、今にいたっては実に多彩な顔ぶれに広がっており、分類も多岐にわたっている。形から見れば鏡餅や鳥の子餅（鶴の子餅ともいう）といった円形もの、のし餅、切り餅、菱餅の角形もの、どちらにも入らないかき餅のような中間のものがある。そのほかに青や赤といった色での分け方。さらには木の葉で包んだものとして、椿餅《つばい》（つばきもちともいう）や粽《ちまき》、桜餅、柏餅。あるいは餡を包んだもの、餡で包んだものといった分類もある。

それにつけても日本人は実に餅が大好きだ。駿河の国・安倍川の安倍川餅、小田原や名古屋、山口の外郎《ういろう》等々全国各地にもそれぞれのお国自慢の餅がある。皆様のお近くにはどんな餅菓子が？

第82話　団子

餅と団子は違う。じゃあどう違う？

団子はあくまでも球状のものをいい、餅は角形や丸いものもあるが、いずれにしても球形はしていない。あえて定義付ければこんなところか。昔ははっきりとした区別がなかったらしいが、時とともにしだいにこんな風な住み分けで落ち着いていったようだ。

もっとも、蒸した糯米《もちごめ》を搗《つ》いて、適度な大きさにちぎって丸めれば団子になるし、それを押しつぶせばいわゆる餅になる。やっぱり出どころはおんなじか。

起源も古く、先に記した八種唐菓子といわれる中の団喜《だんき》または団子《だんす》と呼ばれたものが、すなわち団子《だんご》である。作り方も簡単なため広く好まれ、時代劇などでもすっかりなじみとなっている。街道筋や峠の茶屋では必ずこれが所望され、大小提げた旅人が、「亭主、つりはいらんぞ」と、チャリーンと銭を置いていく。その串をくわえて歩けば木枯し紋次郎だが、それはさておきこの求められ方から見るに、主食たり得てはいないようだが、今日の一般概念にあるお菓子よりはやや重い、ちょっとしたおやつ、軽食としての感覚で口にされてきたことが分かる。

時下った今日、こうした流れをくみつつもお菓子としての確たる位置付けを得て、各地でいろんな種類が作られている。また各種行事に合わせてもさまざまなものが手がけられ、生活のリズムに寄与している。たとえば陰暦の一月二十日を祝う二十日正月の二十日団子、三〜四月のいかにも春らしい草団子、春と秋の彼岸の折の彼岸団子、中秋の名月をながめての月見団子その他もろもろ。

自然と深く関わり合いながら暮しをたててきた古人《いにしえびと》のたおやかさが伝わってくるお菓子である。

第83話　餡《あん》

和菓子にあって何が一番大切かと問われても答えに窮するが、何がないと困るかといわれれば、餅と並んでこれを推さねばなるまい。それほどに重要な立場にあるのがかくいう餡である。なにしろ一般には和菓子をして〝アンコモノ〟と称されていることから見ても、いかに大切なものであるかが分かろう。そしてまたこれは餅とコンビを組むことによって絶妙のハーモニーを奏で、幾多の名品を生んできた。牡丹餅《ぼたもち》、大福、粽《ちまき》、柏餅、桜餅、花びら餅と思いつくまま挙げればきりがない。

元来、餡とは、米や麦などで作った皮の中に入れる味つけの詰めものを意味した。生まれ故郷の中国では多くの場合肉であったが、肉食習慣から離れた日本では、その代用として小豆を用いるようになっていった。そして甘い味つけがなされていったそれは、食事から分かれてお菓子の道を歩むようになる。

さて一度方向が決まると、研究熱心な日本人はそれをさらに深く掘り下げてゆく。小豆の種類にもこだわり、赤いもののほかに白い色の白小豆、大粒で黒っぽい大納言、あるいは小豆から離れて隠元《いんげん》や豌豆《えんどう》、大角豆《ささげ》、といった別種の豆を用いてみたり、豆以外のたとえば馬鈴薯や胡麻、味噌、栗等も餡として利用するなど、どんどんレパートリーを広げていった。

　ひとつのヒントから無限の応用をきかせていく才能を、われわれはどうやら昔から備えていたようだ。

第84話　ぼた餅

餡を何かの皮で包むといった手法は饅頭類ですでにおなじみだが、これはまったくその逆である。つまり外皮となる餅を餡で包んでしまうのだ。食べてしまえば同じじゃないかと申されようが、ちょっとしたことで受ける感覚は大いに異なる。内蔵されるべき甘くおいしいものを表にさらけ出しちゃって、直接食べ手の気を引くという、まさに逆転の発想である。いや待てよ、元々はこちらの方が先だったんじゃないか。餅においしいものをつけて食べる。そのうちにひとひねりして、そのおいしいものを内に秘めてみた……。卵が先かにわとりが先か、いずれにしてもあまたある饅頭と呼ばれるものの反対側に位置するものである。

ところでこれもいくつかの呼び方がなされている。たとえばぼた餅。いかにもボタッとしているからなのかと思ったらそうでもないようで、牡丹の持つ華やぎから、きれいに牡丹餅と書いてこのように読ませている由。また萩の餅とした上品な表現もある。縮まってお萩の方が通りがよくなっているが、これはまぶされた小豆の粒が咲き乱れた萩の姿に見えるからという。

なお花の持つ季節感から、春に作られるものは牡丹餅といい、秋のものはお萩と区別して

いたが、昨今はボタモチの響きを野暮ったいと感じる向きもあるようで、季節を問わずお萩の方が通り相場がよくなってきている。
しかしながら牡丹にせよ萩にせよ、そのたとえがきれいでいい。わが国特有の情緒を感じる。またそうした捉え方とは対照的に、単に見た目によるあずき餅、さらには製作過程をそのまま連想させるあんころ餅の表現もある。あんの中をころがす、あんころがしだからあんころ。これもなかなかかわいらしい。いかにも庶民の代表選手風である。多くの呼び方があるということは、それだけ幅広く愛されているということでもある。

第85話　大福餅

見た目も呼び名の響きもおおらかで、親しみの持てるお菓子である。正確な語源は分からぬが、あの丸々としたどっしりタイプは、見るからに大福の名にふさわしい。

その昔は腹太餅《はらふと》ともいっていた。餅皮の中に餡がたっぷりと入っているところから、満腹のようだとしての命名と見える。言い得て妙、名は体を表わしている。そこから転じて福々しい餅、すなわち大福餅となっていったものと想像はつく。今ならさしずめダイエットを必要とする不健康なイメージとされかねないが。

調べてみると安永の頃、西暦でいう一七七〇年代に江戸で流行ったというが、当時は餡を餅皮で包んで平らにし、火であぶってふくらませていたようだ。ちなみにこれは餅饅頭と呼ばれていたこともあった。今でも焼いて食べる習慣があるが、これはその頃からの流れを受け継いでのことである。

さてこのお菓子もけっこうな仲間を持っている。なじみの深いところでは桜餅とか道明寺の名で呼ばれているもの。同類とはいえ無骨でおおらかな大福に比して、こちらは色も姿も艶っぽい。これらが春の象徴のひなまつりの頃とすれば、少し遅れた端午の節句の柏餅もその類。餅の上に餡をのせて折り返してはいるが、それは包む形の変形として捉えればよい。

　こうしてみるとこの手の仲間はけっこう多い。そうそう、近年話題にのぼったものにいちご大福なんてものもあった。いちごは洋菓子と決まっていたわけでもないが、誰もがそう思いこんでいたところへ意表をつくこの組み合わせである。発想の出つくした感のある和菓子の世界ではちょっとした驚きだった。いちごの持つイメージも新鮮でいい。いつの世もアイデアマンはいるものだ。

第86話　柏餅

五月五日は端午の節句である。これは一月七日の人日《じんじつ》、三月三日の桃の節句、七月七日の七夕、九月九日の重陽《ちょうよう》と呼ぶ菊の節句と並ぶ五節句のひとつである。このうちの九月九日はほとんど祝われなくなったが、ほかは今も続いている。

そこで端午の節句だが、端は最初の意味で、午は五に通じる。すなわち五月の初めの五の日というわけである。その日は古来より邪気を払うために菖蒲や蓬《よもぎ》を軒につるしたり、菖蒲を入れた湯に入ったり、また粽《ちまき》や柏餅を食べる習慣がある。どちらかというと関東が柏餅で粽は関西の傾向が強い。その柏餅については本来はこの節句に対する供物から生まれたといい、この習慣が根づいたのは江戸の中期頃からといわれている。

それにしてもあのベタつく餅を柏の葉で包むアイデアには感心させられる。触感はゴワッとしているが、手につくことなく中の餅菓子を口にすることができる。葉で包む形は椿餅や桜餅などにも見られるが、これらも同じく手づかみを可能にした手法である。なお桜餅を包む桜の葉はそのまま食べられるほど柔らかくて、いかにも女の子らしいやさしさを感じさせるが、柏の葉の手ざわりは男の子にふさわしいたくましさを感じさせてくれる。

第二次世界大戦以後、この日は男女を問わぬこどもの日として国民の祝日と制定されたが、武具を飾った風習から、女子の成長を祝う三月三日のひな祭りに対して、男の子のお祭りの感が抜けていない。それはさておきその日の柏餅、何度もいうようだがこればかりはゴワゴワが似つかわしい。ビニールに替わってほしくない。

第87話　粽《ちまき》

柏餅と同じく五月五日、端午の節句に食べられるお菓子である。背丈を測った柱の傷の歌でおなじみとなっている。

古く平安時代からすでに親しまれていたというが、足跡たどるとほかのもの同様これも中国からの伝来である。ただ多くのものが時とともに日本的に変化していくのに対し、これに限ってはそのままの形で継承されてきている。現在もなお日中とも同じ時期に同じものを食べている数少ない例といえよう。

さてこの粽には少々恐い次のような話が伝わっている。

紀元前三百年頃の中国、楚の国に屈原という名の政治家がいた。彼は王族であり詩人としても知られていたが、勢力争いに敗れて北方に流されてしまった。そして自分たちと対抗する国が勢いを増してくることを憂い、長沙の北にある汨羅《ベキラ》の湖に身を投げる。彼を惜んだ人々が、その体が魚についばまれないようまわりに米を撒いた。ついで米がすぐになくならぬよう毎年五月五日の命日には、竹の筒に米を入れて湖に投げ入れ屈原をしのぶようになっていった。その後しばらくたった漢の時代に、長沙のある人が屈原の霊に会った。屈原いわ

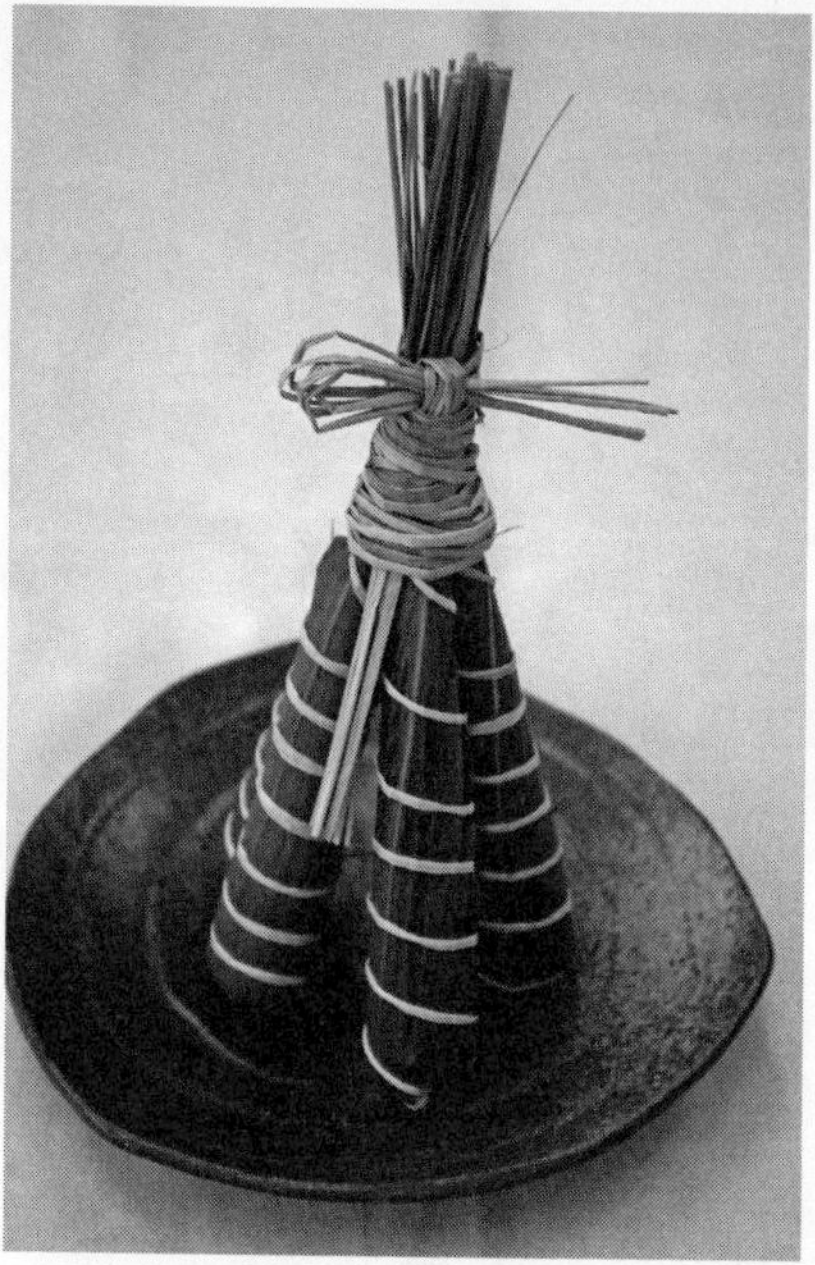

く、毎年米を投げ入れてくれるのは有難いが、みな龍の子に食べられてしまうので、これからは筒の先を栴檀《せんだん》の葉でふさぎ、五色の糸でしばってほしいと伝えた。これが粽の起りであるという。

今日の粽はおおむね笹の葉で包み、藺草《いぐさ》でしばって蒸している。思うにこのお菓子、湖への投身とかその遺体云々とか霊の話などを知ることなく、背の丈を測りながら無邪気に歌い食べてた方が良かった……カナ。

第88話　最中《もなか》

乾いた殻に餡を詰めてふたをした、手を汚さずに口に運べるグッドアイデアのお菓子である。ただはじめはそうじゃなかったらしい。

平安中期に、通称四条大納言と呼ばれた藤原公任《きんとう》によって『拾遺抄』が編纂されたが、その巻三に、「水の面に照る月なみを数ふれば、こよひぞ秋の最中なりける」なる源　順《みなもとのしたごう》の詠んだ歌がある。

ここでいう最中の月とはすなわち十五夜、中秋の名月のことである。そしてこの満月になぞらえたお菓子が最中だったわけで、そもそもは餡を包んだ白くてまるい、まるで満月のような餅菓子だったのだ。それがいつしか外皮だった餅が薄くのばされていき、煎餅のように焼かれて、いわゆる最中のケース、最中の皮に変身し、中に餡が詰められるようになっていった。

ここまでくると職人たちの創意工夫はとどまるところを知らず、皮の焼き型にも凝り出してくる。その結果、大きさや形にヴァリエーションが生まれ、好みの紋様を彫ってみたり、はたまた皮自体もただの焼き色じゃつまらぬと、白やピンク、緑等に色付けされたりと、一気ににぎやかになってくる。
日本人の感性の豊かさと細やかさと勤勉さが、最中ひとつにもよく表われている。

第89話　お汁粉《しるこ》

　昨今目にする頻度がやや低くなってきている気がするが、それはそれだけわれわれのまわりに他の甘いものが充実してきたということであろう。あまたのお菓子群にあってはこのお汁粉、少々異色な形態をしており、今風にいえばソフトドリンク、液体のお菓子である。正しくは汁粉餅と呼ぶべきところで、餡を溶いた中に必ずお餅が入る。よく考えると牡丹餅、お萩の変形ということが分ってくる。あるものにちょっと手を加えただけで、こんなにも様子が違ってくるという、まるでお手本のようなものである。考えついた人に思わず敬意を表したくなる。

　甘くておいしいし温まるしと、よろず乏しかった時代、ましてや暖房器具の揃わぬ頃には、とんでもなく有難いごちそうだったに違いない。鏡割りや武道の寒げいこの後にはそうした名残りがとどめられている。

　話は変わるが関西ではこれを善哉《ぜんざい》と呼んでいる。元をたどると仏典から出た言葉で、これを二度くり返すは喜びの極みの表現という。なるほど読んで字の如く「善いかな」で、美味なものの呼称としてこれほどのものはない。そしてこの表現を最初に用いたのは、京の大徳

寺の住職であった、かの一休禅師と伝えられている。

ところで固形を液状にした人も偉いが、それをまた固形に戻した人もスゴイ。懐中じるこだ。最中の皮のような器の中に、乾燥させた餡と餅が入っており、お湯を注ぐとでき上がるインスタント汁粉である。インスタントラーメンができるよりはるか以前の考案、発明である。この人にもまた、表敬の念を禁じ得ない。

第90話　きんつば

元々は丸い形で刀の鍔《つば》に似ているところからの命名という。今はもっぱら四角の直方体で、そのつぶし餡の一面を、水で溶いた小麦粉の液にチョコッとつけては熱い鉄板の上に置いて並べていき、一巡した後また別の面をつけては鉄板に並べて、リズミカルに六面全部を焼いてゆく。薄く焼けた皮の中にたっぷりの餡が透けて見えて、いかにもおいしそうである。デパートの名店街や食品売場での実演に思わず足を止めて見入った人も少なからずいらっしゃるのではないか。

いつの頃から作られていたかは定かではないが、貞享元（一六八四）年に著された「雍州《ようしゅう》府志《ふし》」なる書によると、京の清水坂で〝銀つば〟と称するお菓子が売られていたという。これは餡の入った焼き餅で、米粉が生地に使われていたとか。どうやらこれが今日の金つばの元のようだ。米粉はそのうち小麦粉に変わっていったのだろうが、それにしても、なぜ銀つばが金つばに？　これについては、和菓子研究の第一人者として知られる中山圭子氏によると、上方では貨幣の基軸が銀であり、対する江戸は金であったことにもよるのではないかという。そしてこれが上方から江戸に伝わる際に、このお菓子の呼ばれ方もそのように変わっ

ていったものと思われると。なるほど、言われてみればさすがに説得力がある。そのウラには〝銀より金の方が景気がいいや〟なんていう江戸っ子気質もあったのかもしれない。で、当初はさして上菓子扱いにされていなかったと聞き及んでいるが、これも、〝餡がたっぷりでうめぇじゃねぇか〟てんで、あまり物事にこだわらない江戸っ子にもてはやされていった……。では刀の鍔形の丸い形がどうして四角に？　ちなみに『浪華百事談《なにわひゃくじだん》』によると、大坂の浅田屋のそれは、丸く穴をあけた木型につぶ餡を詰めて抜き出し、これに溶いた小麦粉生地をつけて焼いていたとの記がある。一方、伝えられた江戸では、しばらくして四角い形をした「みめより」というものが登場してくる。〝見た目より味が良い〟とのことでの命名らしい。しばらくは共存していたようだが、そのうちに丸が姿を消し、四角の方が一般的になっていった由。理由は定かでないが、餡を寒天で固めていった過程においての、作り勝手の良さからか。物事の伝承には、元の姿が頑なに守られていくものもあれば、世につれ自在に変化していくものもある。さしずめきんつばは後者の典型か。

第91話　きんとん

きんとんと聞くと誰しもがまっ先に思い浮かべるのが栗きんとん。お正月のおせち料理の定番である。これなくしては重箱が完成しない。鮮やかな黄色も配色上大切な役割を果している。あれは裏ごししたさつまいもに砂糖を混ぜて餡を作り、甘露煮の栗を混ぜたもので、栗の代りにいんげん豆を混ぜれば豆きんとんになる。

そのほかでは栗の粉で作った団子や大角豆《ささげ》の粉をまぶした団子、あるいは求肥《ぎゅうひ》を練り切り餡で包み、さらにそぼろ状にした餡の裏ごしをまぶしたもの等々がある。

改めてみると、栗きんとんだけではなく、上生菓子も含めて、一口にきんとんといってもいろいろである。

源をたどってみると中国の広東から伝わったという餛飩《こんとん》なる唐菓子に行き当たる。そしてこれが金飩となって、きんとんと読むようになり、江戸の末期では巾飩、明治に入って金団《きんとん》となった。現在でも金団と書くが、ひらがなの方が通りがよくなっている。

なお上生菓子としてのきんとん、最初の頃は団子のようなものだったが、十九世紀初めの江戸後期、文化文政の頃から今日のようにそぼろの餡をつけるようになったという。江戸の文化が華やかになるにつれ、お菓子も華やぎを持ってきたことが分かる。
お菓子は世につれ世は菓子につれ。

第92話　どら焼き

今では全国で親しまれているが、そもそもは東京の名物であった。熱した鉄板に流動状のタネを流して焼き、その二枚でつぶし餡をはさむ。こうしてでき上がったその姿が、ちょうど船の銅鑼《ドラ》に似ているとのことでこの名がつけられた。なお三笠山の名前もあるが、これについては、当初は半球形にへこませた鉄板にタネを流して焼き、中にうぐいす餡をはさんでいて、その形が奈良の三笠山に似ているとのことでの呼称であった。現在は普通のどら焼きと変わりなく作られているが、そもそもは別のものだったのである。

ともあれこのお菓子、よほど日本人の食感にマッチしたのか、息長く続いている。スポンジケーキから発したカステーラと餡の組み合わせは言うまでもなく和洋折衷、和魂洋才。パン生地に餡を詰めたアンパンと同じ発想である。限りない好奇心をもって洋ものにトライし、強い探求心で完成に導く。日本人の英知と才覚がこのどら焼きに結実している。

個人店では一枚一枚手で仕上げられてゆくが、大規模店になると今や全自動で作られる。コンベア式の鉄板に計量されたタネが落とされ、焼けると餡がのせられる。すると今度は焼

けたもう一枚が餡にかぶさり、上から押さえつけて二枚を張りつけでき上がり。無駄のない連続技はみごとというほかはない。

ところで近年トラ焼きというのもよく目にする。表面をまだらに、まるで虎のしま模様のように焼いたものである。タイガースファンが泣いて喜びそうだが、ドラをトラにするこのアイデアにも頭が下がる。人間の知恵ははてしがない。

第93話　求肥《ぎゅうひ》

お餅のような、それでいて柔らかい飴のような、なにやらモチャモチャとした不思議な食感が魅力のお菓子である。

牛肥とか牛脾等いくつかの表記がなされていたが、どうやら本来は牛脾が正しいらしい。羊の肝に似ているとのことから羊羹とされたごとくに、これも牛の脾臓に似ているとしての当て字だという。お菓子として捉えているところにこう聞くと、とたんに食欲も減退気味になってこようが、それは昔の人たちも同じだったとみえる。仏教信仰への強い傾斜とともに肉食から急速に離れていった彼らは、その表記さえ忌みきらって求肥の文字を当てて書き改めた由伝えられている。しかしこれではギュウヒではなくキュウヒだが、細かいことは追及しない。ともかくも牛から離れたく、それに近い音の字を当てたのだろう。

さてこの求肥、京においては寛永時代に親しまれていたが、江戸にはまだなかった。しばらく後、西から移り住んだ中島浄雲なる人の子孫が神田鍛冶町で丸屋播磨なる店を開き、これを売り出したところたちまち人気を得て、丸屋求肥として江戸名物のひとつに数えられるまでになったという。

現在はプレーンなもののほかにいろいろなものを混ぜ込んだり、あるいはそれで餡を包み饅頭仕立てにしたものまで、さまざまな形で楽しまれている。ほかの和菓子もきらいじゃないがとりわけこれはという、いわゆる追っかけのようなファンまでいるそうだ。筆者自身もそのクチに近いが、和菓子はすべて大好きだから、なんのことはない単なる食いしん坊……。

第94話　おこし

粔籹《おこし》とは米や粟などを煎って蜜と混ぜたものである。だがそれにしても見れば見るほど妙な字を書く。これだけを示されてすぐにおこしと読める人もそういないのではないか。物の本によると粔と籹は同じ意味で、ともに蜜を米と混ぜて煎って作ったものを表わす語という。やっぱり粔籹はおこしなのである。

南北朝末期から室町前期に著されたという『庭訓往来』という書には、〝おこし米〟の名で記されている。米を煎ると膨らむところからそれを興米《おこしごめ》といったもので、それが縮まっておこしになったものと思われる。興し米からおこし。これは分りやすい。その米が冒頭述べたごとく粟やヒエ、麦とヴァリエーションが広がっていき、いろいろなおこしになっていったのだ。

ではいったいいつの頃から作られたのか。平安時代初期の禁中儀式や制度のことなどを記した『延喜式』という書がある。延長五（九二七）年完成のものだが、そこにすでに登場してくる。神前に飴《あめ》を供えることから発して、その飴（蜜）をからめたいわゆる粔籹も神に供えることを記しているのだ。

近年あまり見かけなくなったが、かつては神社の祭りには粔籹を売る習慣があった。これなども『延喜式』の書かれた時代からの流れを引き継いだものだったのである。かよう歴史が長いだけあり、各地に伝わり種類も増え、それぞれの土地の銘菓として根づいている。なじみの深いところでは東京浅草の雷おこし、大阪の粟おこしがある。そういえばお隣りの韓国にケカンジョンというお菓子がある。白胡麻と黒胡麻を使ったまぎれもないおこしだ。

こうしたものを見るにつけ、文化の根は同じものであることを実感する。

第95話　落雁《らくがん》

今様の味覚、食感とはいいがたいかもしれないが、品のよい干菓子のひとつである。文字や模様を彫った木型に生地をギュッと押し込み、ポンと打ち出すところから打ち物のジャンルにくくられている。

旅先の宿で渋茶とともに出される一片のこれに、こよなき安らぎを憶える人も少なくないはず。言ってみれば日本人の心のふるさとのようなお菓子である。

しかしながらこれもよく調べれば元は中国にある。明の時代に楽しまれていた軟落甘《なんらくかん》の軟が省略され落甘となって伝わったという。

ただ筆者、その落甘がいかなるものかよく分からない。文字から見ると軟らかく落とす甘いもの、すなわちわれわれが今いうところの落雁のような、それでいてもう少し口当たりの柔らかなものだったのか。もしそうだとしたら、ではその落甘がなぜ落雁に？　分かる範囲で調べをつくしてみた。

その昔よりいろいろなアレンジメントをもって作られていたが、黒胡麻を加えて手がけられていた折、型から抜き出した表面にそれが点々として表われた。それがちょうど雁の群が舞い降りる様のように見えるとのことから、落甘の音に合わせて落雁と称されるようになったとか。

小さな一片の面を空中なり大地なり水面に見立てて、そこに散るさらに小さな斑点を渡り鳥の群に……。風雅、典雅ここに極まれり。あらゆる場面にもミクロの宇宙を見出す。逆説的に見れば、われわれは世にも希なるダイナミックな文化を育んできたのかもしれない。

第96話　煎餅

今日的な概念の煎餅は、弘法大師と呼ばれたかの空海によって中国からもたらされたとされている。それ以前より渡来人も多くあり、本当のところはつまびらかではないが、ただ名も知らぬ人からいつとは知らずというよりは、尊敬すべき著名人、スター性のある人の手になるとされた方が、何ごとにつけ有難味が増してくることは確かである。

伝承によれば延暦二三（八〇四）年に唐に渡った空海は真言密教を学んでいた。彼の情熱と天賦の才能を評価した時の皇帝順宗は、彼を招いて膳部料理すなわちディナーをふるまったが、その中に亀甲形の煎餅があり、空海はこれに大いにひかれ、その製法を習得して帰国した。そして山城の国、今でいう京都府の南部に住まう和三郎なる者にこれを伝授した。受けた和三郎は亀の甲煎餅と称してこの製造にいそしみ、その評判すこぶる高まったという。

そしてここを基点にその作り方が全国にあまねく広まっていった。それは今日でいうところの瓦煎餅の類といえるものであった。

なおその後の進展については、とくに江戸中期以降に、塩煎餅や砂糖煎餅といったものに幅の広がりを見せていった。

こうした足跡受け継ぐ、かつて空海に始まったというこの煎餅類は、今やスーパーマーケットやコンビニエンスストアのまぎれもない主役のひとつとなっている。

コラム　日本最古のお菓子の記

今日では塩《しょ》っぱいのや酢っぱいのもあるが、お菓子とは昔から感覚的にはおおむね甘いものとの認識の上になりたってきた。ではそのあたりを記した嚆矢を探ってみよう。

実は『日本書紀』の第三巻にアメに関する記述がある。古《いにしえ》のことゆえ、その表記やや堅苦しくなるところはご容赦願いたい。

神武天皇即位前紀戊午《ツチノエウマ》の年九月（推定・紀元前六六二年頃）、大和の丹生《にゅう》川のほとりで神を祀る際のくだりに、「吾れ今、当に八十《やそ》平瓮《ひらか》を以て、水無くして飴《たがね》を造らん。飴成らば則ち吾れ必ず鋒刃の威を仮らずして天下を平げん。乃ち飴を造る。飴即ち自ずから成る」とある。不遜ながら現代語に置き換えさせて頂くと、「私は今、多数の平瓦を用いて水を使わずに飴を作ってみよう。もしそのようなことができたら、きっと武器を使うことなしに天下を平らげることだってできるにちがいない。よって飴を作ろう。それができれば自らも成功する」というわけである。

そのアメがいかなるものか興味が持たれるところだが、その後に書かれた『倭名類聚《わみょうるいじゅ》鈔《しょう》』（略して倭名抄《わみょうしょう》）に、「説文に云う、飴は音恰《い》、和名で阿米、米蘖《もやし》を煎じるもの也」

とあるところから推して、当時のこれもやはり米糵で作られたのではなかろうかといわれている。また同時期の『延喜式』を見ると、もう少しはっきりした様子が読みとれる。そして表記自体も飴の他に餳、阿米、糖と豊かになっていると同時に、作り方もかなり具体的に記されている。まずもち米、うるち米を砕いて煮つめ、麦芽を加えて冷湯を入れ、攪拌して澱粉を糖化させる。そしてこれをもう一度煮沸し、布で漉して作っていたという。

今日のアメは同じ植物でも砂糖きびや砂糖大根から抽出した砂糖を加工して作るが、その代りにお米を使っているところがミソである。やはり日本はよろずお米にはじまる文化圏なのだ。そして神代の時代にもうそれで作ったアメがあった……らしい。

日本各地

北海道

第97話　バター飴

北海道名物をあげよといわれれば、これほど迷うこともない。海の幸、川の幸、野の幸、山の幸とどれをとっても豊か極まりない。お菓子の分野に絞ってもなおとまどうばかりで、道内各所、新千歳空港どこを見てもおいしそうなものがあふれ返っている。そんな中であえてあげるとするに、トラピストバター飴を名指すわがままをお許し願いたい。

中世のヨーロッパでは各地の修道院において、その領地で採れるもの、あるいは寄贈、物納される農作物や酪農品等を用いて、さまざまなお菓子やリキュール類が作られた。たとえばフランスのナンシーの修道院のマカロン、ムランの聖母訪問会修道院やコルメリ修道院のそれ、クァナカの尼僧院のショコラ、あるいはベネディクト派の作るベネディクティンや、シャルトル派の作るシャルトルーズなるリキュール等々。

北海道のトラピスト修道院にもそうした伝統が引き継がれた。

同院のしおりから引用させて頂くと、フランスで九百年の歴史を持つシトー修道会（通称トラピスト）から数名の修道士が明治二十九（一八九六）年に来日し、この修道院を作った。そして原野を開き、酪農を行い、北海道の振興に大きな力をそそいだ。彼らがそこで作る、日本ではまだ珍しかった発酵バターは評判を呼び、またそれらを使って昭和十一年にはクッキーが、三十年にはバター飴が誕生した。

食品添加物や人工的な甘味料等をいっさい使わないミルキーなそれは多くの人々の支持を受け、今日も作り続けられている。まっ白でやさしい口当たりは、まさに清らかであたたかな奉仕の精神そのもののようである。

第98話　南部煎餅

青森・岩手

その嚆矢、空海にありとされる煎餅類は、その後各地にさまざまな形で根付き、発展を遂げてきた。今日ざっと見渡しても京都の八ッ橋、埼玉の草加煎餅、越後の柿の種、三戸、八戸、盛岡といった旧南部領のご存知南部煎餅などなど、枚挙にいとまがないほど指折られてくる。そしてそれぞれが独自のいわれ、逸話、文化をもって継承され今日におよんでいる。たとえばその南部煎餅。ご当地の案内書等を参照するに以下の如くである。

今を溯ること六百年。十四世紀の南北朝の頃、陸奥の国に難を逃れた南朝の長慶天皇に、従者があり合わせのそば粉に塩と胡麻とを混ぜ、兵のかぶっていた鉄かぶとを用いて煎餅風のものを焼いて差し上げた。素朴にして野趣あふれたこれを天皇はことのほか喜ばれ、その者はたいそうなお誉めにあずかったという、また後々の野戦にてもしばしばそれは作られ、いわゆる兵糧としての役割を果たしてきた。

今日ではおおむね小麦粉を用い、そこにかつてを偲ばせるべく胡麻を用いたり、また風味を高めるためにピーナッツ入りにしたものから、さらに時流に合わせたチーズ味やチョコレート入り、あるいはにんじん、ほうれん草といったヘルシー感覚のものなども作られている。

なんによらず口当たりソフトなものを良しとする昨今にあって、南部煎餅にたずさわる人、そしてそれを愛し続ける人々は、伝統あるしっかりとした独特の歯ごたえを守り、かつ一方では新しい味覚にも果敢にチャレンジする柔軟な姿勢も持ち合わせている。

第99話　外郎《ういろう》　愛知

お菓子好きか歌舞伎好きの方々はさておき、普通の方々ではこれをういろうとはなかなか読んでは頂けない。とくに若い方では、「エーッナニソレー、ウソー」で終わってしまいそうである。

名前も不思議だが食感もまたそれにも増してミステリアスだ。形はいかにも羊羹のようだがもったりとして薄甘で……。いや無理もない。分類すれば餅類に属するもので、正しくは外郎餅《ういろうもち》。羊羹や餡の類では決してない。

さて呼び名だが、いろいろといわくがあり各手引き書参照するに以下の如くである。

中国大陸の元で礼部《れいぶ》員外郎《いんういろう》という名の官職についていた陳宗敬という人が、十四世紀の半ばに来日して帰化した。博多に居を定めた彼は、透頂香《とうちんこう》という名の黒い色の四角い痰切り薬を伝えたが、これを彼の元の官職名から外郎《ういろう》薬とも呼んでいた。このあたりのこと、歌舞伎の十八番のひとつ、「外郎売」でもよく知られている。

ところで当時、糯米《もちごめ》や葛《くず》、黒砂糖を使ったお菓子があり、外見がたまたま外郎薬に似ていたところから、これを外郎と呼ぶようになった。そしてはじめの頃は黒砂糖だったが、そのうち白砂糖が使われるようになって、これを白ういろうと呼び、これまでのものを黒ういろうとして区別するようになった。今はいろいろなものを入れた各種のういろうが楽しまれている。

時代が少し下り、後に陳氏の子孫、五代目外郎定治が永正元（一五〇四）年に小田原に移ったことから小田原の名物になり、また彼の弟が毛利領に伝えたところから山口の名物になり、さらには万治二（一六五九）年、尾張の二代目徳川光友侯に仕えた陳元宝が、その作り方を同地の菓子商に伝えたとして名古屋の名物ともなり、今日にいたっている。

今もそれぞれの地で名物として愛されているが、そもそも名の元が薬の名称であり、さらにその前は官職名であって、いつの間にかすり替ってしまったこと、おもしろい事実である。

京都

第100話　八ッ橋

京都の一銘菓というより日本の銘菓というべきであろう。湾曲した不思議な形と手頃な薄さ、大きさ、パリッとした食感、肉桂《にっけい》の風味……。どれをとっても主張がはっきりしている。ふんわり、しっとり、クリーミーといった現代の味覚、食感からはことごとく対極に位置するものだが、変わらないこと、変えないことのすばらしさもわれわれは知るべきである。

いわれについては貞享二（一六八五）年に溯るという。

この年、筑紫箏を学び八橋流を創った八橋検校《けんぎょう》が他界し、黒谷の常光院に葬られた。彼をしたう人々の参拝は後を絶たず、彼ら彼女らは聖護院の森でひと休みをしていた。その人たちのためのお茶受けに出されたのがこのお菓子の始まりとされている。

なお、形については、八橋検校にゆかりの琴の形を表わしたものともいい、また、そもそもは橋の形をした煎餅であって、そこから今の形になったともいわれている。

なお冒頭では不変がいいと述べたが、時には驚くべき提案もなされ、われわれを楽しませてくれる。生八ッ橋と称するものである。パリパリの焼きものからいきなりフニャフニャの生、ハードからソフトに百八十度の転換である。

あくまでもこだわりを持ちつつ、変える時は思い切って変える。かといって古きを捨てることは決してない。このあたりに時代がどう変わろうと巧みに対応しつつ、しかと伝統を継承させてきた千年の古都のしたたかさを感じる。八ッ橋は不滅である。

第101話　ちんすこう

沖縄

沖縄の銘菓として知られているクッキーの一種である。金楚糕と書いてちんすこうと読む。書き方も読み方もむずかしい。

かつて琉球と称していた同地は、海上交通の要に位置しており、古来周辺諸国はもとより遠方の国々とも多くの接触を持ち、独特の文化を育んできた。とくに中国大陸との交流も盛んで、多くの影響を受けていたが、一六〇九年の薩摩の進出以降は日本の影響力も増してきて、今日の沖縄文化が培われていった。そうした歴史的な背景の中から、ここに挙げたちんすこうが誕生したという。名前や表記の由来についても、一応手を尽してみたが、はっきりしたことは分からない。この分からないところがまたいい。何でも分かりきってしまうより、霧に隠れている分、それだけ夢をかきたてられる。

昔は琉球の王侯貴族のみのために手がけられていたというが、そのうち次第に一般の人の口にも入るようになっていったという。

作り方にあっては、元々の中国菓子の製法に日本的な工夫が加えられたと伝えられている。なるほど言われてみればどこか中華菓子のようだが、筆者、一口含んでハッとするとこ

ろがあった。スペインのアンダルシア地方に始まったという、現在は同国の銘菓として知られるポルボロン（一四八ページ参照）というクッキーが一瞬脳裏にひらめいたのである。ラード使用のその味も、そして何より口の中でボロボロッとくずれる食感も、かのポルボロンにそっくりなのである。ひょっとして大航海時代、日本に南蛮菓子を伝える以前に、スペイン人は琉球王国に南蛮文化のひとつとして、自国の銘菓をすでに伝えていたのではあるまいか。受けた琉球では、それを自らに合うように調整してひとつの完成に導いていった。それが、かくいうちんすこう……？　となるとこれは琉中西日、各国文化の融合の傑作ではないか。

そんな気のしてくる限りないロマンに満ちたお菓子である。

参考・引用文献

W・J・ファンス編『現代洋菓子全書』小野村正敏訳、三洋出版貿易、一九八一年
プロスペル・モンタニェ著『ラルース料理百科事典』全六巻＋索引、三洋出版貿易、一九七五年
中村孝也著『和菓子の系譜』国書刊行会、一九九〇年
締木信太郎著『菓子の文化史』光琳書院、一九七一年
柴崎勝弥著『お菓子の百科』光琳書院、一九六三年
藤本如泉著『日本の菓子』河原書店、一九六八年
守安正著『日本名菓辞典』東京堂出版、一九七一年
中山圭子著『和菓子ものがたり』新人物往来社、一九九三年
『和菓子が好き！』(別冊「歴史読本」、二〇巻一号) 新人物往来社、一九九五年
池田文痴菴編著『日本洋菓子史』日本洋菓子協会、一九六〇年
守安正著『お菓子の歴史』白水社、一九五二年
『日本書紀』上下巻、宇治谷孟訳、講談社学術文庫、一九八八年
＊その他自著を含めた内外諸文献を参考にした。

あとがき

たかがお菓子というなかれ、甘き一片の成り立ちにも、人びとの日々の営みから生まれるさまざまな背景があるのです。愛とロマンに彩られた物語もあれば、政治、経済、宗教、時には戦争までもがからんで織りなすものも少なくありません。まさに文化の結晶といわれるゆえんです。ただ、洋の東西を比べた場合、地理的なものも含めた多くの状況の違いにより、お菓子の歩んだ道のりもまたいささかの異なりを見せています。

たとえば日本。遥けき昔に中国大陸から伝えられたそれらは、唐菓子として人びとの心をとらえ、時とともに仏教や茶の湯と融合して和菓子へと発展、昇華の道をたどります。続いて西洋との出合いから全く異質なお菓子類に接するやこれまた積極的に取り入れ、国閉ざされている間にも南蛮菓子として育み続けてまいりました。明けて明治、南蛮紅毛だけが世界でないことを知り、広く他国に目を向けて西洋菓子、そして今日いうところの洋菓子へと、つねに高みを目指しつつ、めまぐるしく駆け抜けて今にいたります。

他方、西洋はどうか。思い切り遡れば一粒の麦に始まるそれは、曲折を経ながらもエジプト、ギリシャ、ローマの各古代社会から、中世、近世、近代、現代と、それこそ果てしない旅を続けて今日にいたっています。ただ、洋菓子とひとくくりにされる中にあっても、各地各国各民族の独自性がしかと投影されて表現され、かつまた一方では別個のように見えるそれらにも、その実多くの共通点が見出されます。それは互いに影響し合いながら融合をくり返してきたヨーロッパの、凝縮されたひとつの姿とも申せましょう。

さて平成十（一九九八）年四月より、岩手県盛岡市において第二十三回《全国菓子大博覧会》が催されます。これは明治四十四（一九一一）年に行われた第一回《帝国菓子飴大品評会》に始まりを持ち、その第十回大会より《全国菓子大博覧会》と名を変えて今回に続くもので、いわば甘味世界の一大祭典です。これに先だってその前年より、『岩手日報』紙上に毎週金曜日、「お菓子な世界」なるタイトルで一年間、筆執る栄誉が与えられました。許された紙数、限られた期間にどれほどのことがお伝えできるか不安のスタートでしたが、なんとか事なきを得てお役を終えることができました。そしてさらに、これまでのものに幾分の筆を加え、一冊のまとまりあるものとして上梓させて頂く機会をも得ることができました。筆持つ者としてこれほどに幸せなことはありません。

ただ、このような歴史を持つもののご紹介にあっては、古今のさまざまな諸文献に出典求めましたこと、そして場合によっては、できる限り真実の香りをお伝えすべくあえて原文を重視して引用させて頂きましたことをおことわり申し上げます。

元より非才の手になる一書、言の葉の足らざるところは重々承知の上ながら、これにより東西の甘き世界の足跡およびその拠って立つところなどを、多少なりともご理解頂くことができたとしたら、著者としてこれに過ぎる喜びはありません。

終わりにあたり、かようなる得がたい機会をお与えくださった岩手県菓子業界の重鎮・栃澤正一様、度毎に励ましの言葉をおかけ下さった岩手日報社の菅原秀友様、同紙編集長の黒沼芳朗様をはじめスタッフの方々、すばらしい挿絵を賜わった大久保直子様、および出版の労をおとりくださった晶文社の皆様ほかお世話になった多くの方々に、紙面を借りて深く感謝の意を表させて頂きます。

平成十年　初春

吉田菊次郎

文庫版として再上梓させて頂くにあたって

本書は一九九八年に晶文社様より上梓させて頂いたものだが、この度講談社様より文庫版にての再上梓のお話を賜った。活字離れの風潮の中、その世界に身を置く者の一人としては真にうれしい限りである。また、一人でも多くの方にお読み頂きたいと願っている書き手としても大変ありがたく、かつ名誉なことと思っている。

さて、改めて上梓させて頂くにあたって、いくつかの話を追加させて頂き、多少の組替えもさせて頂いた。また各話に添えられたイラスト類については、できる限り既刊の自著の作品や、筆者の営むブールミッシュのスクール事業部製作の写真に置き換えてみた。ただし現存しない唐菓子や想像の域を出ない南蛮菓子の類については、イメージを膨らませるべくお描き頂いた既存のイラストを活かす形をとるようにした。

また再読してみたところ、加筆訂正を要すべきところも少なからずあり、必要箇所に新たに拙筆を入れさせて頂いた。近年はインターネット等の充実により、情報量や微細を穿った正確さも昔日の比ではない。最後に版を重ねたのが二〇〇八年で、以来十三年ほどを経ているが、その間に得た新たなニュースも少なくない。本書の如きいささかの歴史や文化的背景を踏まえた内容のものにあっては、当然のことながら、その時点における最新と思われる情報に沿うべく、その都度筆を改める必要が生じてくる。また霧の中にあった内外のスイーツのいわれや逸話においても、たとえば〝……といわれている〟とされていたことなどが、実は全くの見当違いであったり、あるいは思わぬところから新説が出てきたりと、状況は常に変化をきたし、事実と思われてきたことや疑念ひとつ抱かなかった通説も日々刷新されている。

加えて諸々の名称や表記の仕方などもその時々により異なってきたりもする。たとえばお菓子と関わりの深いルイ十五世妃は、母国ポーランドではマリー・レシュチンスカだが、嫁ぎ先のフランスでは「マリー・レグザンスカ」とフランス風に呼ばれ、近年ではそちらの方が馴染まれてきている。同じく多くの銘菓と関わる、元ポーランド王で後にナンシーの領主となった彼女の父君は、フランスに於いてはスタニスラス・レクチンスキーと呼ばれているが、彼の母国では「スタニスワフ・レシチニスキー」であり、近年は後者の呼ばれ方にウェイトがかかってきている。すなわち、人生の主なる立ち位置での呼称の方を取る傾向になってきているのだ。よって再上梓がなされる本書においても、それに倣っての表記と変えさせて頂いた。

かような事も含め、現状に即した許容の範囲において、改めるべきはそのように努めた。それらを踏まえた上においてなお、さらなる内容の充実と現時点での最新情報をお伝えすべく、内外の諸文献をはじめとしたさまざまな諸資料や各種媒体における諸情報等も極力検証を重ね、慎重を期しつつ筆を執らせて頂いた。さりながら、未だ不確定要素も少なからず散見されるやに思われるが、調査の及ばぬそうした点にあっては、筆者の浅学にして不徳の致すところと、読者諸氏諸嬢の温かきご寛容を願うばかりである。なおこの先更なる新事実なり、新たな捉え方が取り沙汰されてきた折には、その時点で再々筆を改めるか、もしくは後々どなたかがそうしたことに則った加筆や訂正の労をとって下さるものと信じている。

終わりにあたり、文庫版にての再上梓のお話を快くご承諾くださった晶文社様、並びにその機会をお与え下さり、その労をお取り下さった講談社学芸部・学術図書編集の雪岡里紗様、イラスト再使用の快諾を賜ったイラストレーターの大久保直子様、新たな作品制作や撮影に手を煩わせたブールミッシュの村松周さんをはじめ、本書に携わりを持たれたすべての方に衷心より厚く御礼申し上げる。

二〇二一年中秋

吉田菊次郎

主な著書

『あめ細工』柴田書店、一九七六年
『チョコレート菓子』柴田書店、一九七七年
『パティスリー』柴田書店、一九八〇年
『洋菓子の工芸技法』柴田書店、一九八二年
『母と子のケーキ・ブック』中央公論社、一九八三年
『チョコレート物語』中央公論社、一九八四年
『クッキーブック』中央公論社、一九八五年
『洋菓子の世界史』製菓実験社、一九八六年
『フランス菓子のおいしさの秘密』草思社、一九八七年
『お菓子物語』雄鶏社、一九八七年
『洋菓子事典』主婦の友社、一九九一年
『西洋菓子彷徨始末』朝文社、一九九四年
『ヨーロッパお菓子漫遊記』時事通信社、一九九六年
『お菓子レッスン』婦人生活社、一九九七年
『食べあるきパリ！』グリーンアロー出版社、一九九九年
『デパートB1物語』平凡社、一九九九年
『洋菓子はじめて物語』平凡社、二〇〇一年
『お菓子を巡る冒険』時事通信社、二〇〇七年
『父の後ろ姿』時事通信社、二〇〇七年

『東西六カ国製菓用語対訳辞典』イマージュ、二〇一〇年
『映画の中のお菓子たち』時事通信社、二〇一〇年
『岩手・宮城・福島　東北新スイーツ紀行』朝文社、二〇一二年
『左見右見』朝文社、二〇一三年
『西洋菓子　世界のあゆみ』朝文社、二〇一三年
『お菓子を彩る偉人列伝』ビジネス教育出版社、二〇一六年
『洋菓子百科事典』白水社、二〇一六年
『フランス流気取らないおもてなし・アペリティフ』誠文堂新光社、二〇一七年
『水脈』朝文社、二〇一八年
『流離』松柏社、二〇二〇年
『日本人の愛したお菓子たち』講談社選書メチエ、二〇二三年

＊プロ及び家庭向き製菓技術書、料理書、辞事典、教科書、ガイドブック、エッセイ、歴史書、紀行文、ドキュメンタリー、小説、句集等、甘味文化、食文化のみならず幅広い分野をカヴァー。また韓国、台湾、中国等にても数多く翻訳出版されるなど、著作は内外含めて多数に上る。

本書の原本は、一九九八年に晶文社から刊行されました。

文庫化にあたっては全体にわたり加筆・訂正を行い、新たに書き下ろした九話を加えるとともに、多数の図版を追加しました。

吉田菊次郎（よしだ　きくじろう）

俳号・南舟子。1944年東京生まれ。明治大学商学部卒業後，フランス，スイスで製菓修業。その間数々の国際賞受賞。帰国後「ブールミッシュ」を開業。フランス共和国より農事功労章シュヴァリエ叙勲。現代の名工受章，2005年，天皇皇后両陛下より秋の園遊会のお招きにあずかる。現在，「ブールミッシュ」会長の他，製菓フード業界の要職を兼ねる。大手前大学客員教授，フランス料理アカデミー・フランス本部会員。

講談社学術文庫

定価はカバーに表示してあります。

万国《ばんこく》お菓子《かし》物語《ものがたり》
世界《せかい》をめぐる101話《わ》

吉田菊次郎《よしだきくじろう》

2021年12月7日　第1刷発行
2023年4月24日　第6刷発行

発行者　鈴木章一
発行所　株式会社講談社
東京都文京区音羽2-12-21 〒112-8001
電話　編集（03）5395-3512
販売（03）5395-4415
業務（03）5395-3615

装　幀　蟹江征治
印　刷　株式会社ＫＰＳプロダクツ
製　本　株式会社国宝社
本文データ制作　講談社デジタル製作

ISBN978-4-06-526571-0

「講談社学術文庫」の刊行に当たって

これは、学術をポケットに入れることをモットーとして生まれた文庫である。学術は少年の心を養い、成年の心を満たす。その学術がポケットにはいる形で、万人のものになることは、生涯教育をうたう現代の理想である。

こうした考え方は、学術を巨大な城のように見る世間の常識に反するかもしれない。また、一部の人たちからは、学術の権威をおとすものと非難されるかもしれない。しかし、それはいずれも学術の新しい在り方を解しないものといわざるをえない。

学術は、まず魔術への挑戦から始まった。やがて、いわゆる常識をつぎつぎに改めていった。学術の権威は、幾百年、幾千年にわたる、苦しい戦いの成果である。こうしてきずきあげられた城が、一見して近づきがたいものにうつるのは、そのためである。しかし、学術の権威を、その形の上だけで判断してはならない。その生成のあとをかえりみれば、その根は常に人々の生活の中にあった。学術が大きな力たりうるのはそのためであって、生活をはなれた学術は、どこにもない。

開かれた社会といわれる現代にとって、これはまったく自明である。生活と学術との間に、もし距離があるとすれば、何をおいてもこれを埋めねばならない。もしこの距離が形の上の迷信からきているとすれば、その迷信をうち破らねばならぬ。

学術文庫は、内外の迷信を打破し、学術のために新しい天地をひらく意図をもって生まれた。文庫という小さい形と、学術という壮大な城とが、完全に両立するためには、なおいくらかの時を必要とするであろう。しかし、学術をポケットにした社会が、人間の生活にとってより豊かな社会であることは、たしかである。そうした社会の実現のために、文庫の世界に新しいジャンルを加えることができれば幸いである。

一九七六年六月　　野間省一

文化人類学・民俗学

図説 金枝篇（上）（下）
J・G・フレーザー著／吉岡晶子訳／M・ダグラス監修／S・マコーマック編集
イタリアのネミ村の「祭司殺し」と「聖なる樹」の謎を解明すべく四十年を費して著された全13巻のエッセンス。民族学の必読書であり、難解さでも知られるこの書を、二人の人類学者が編集した［図説・簡約版］。
2047・2048

明治洋食事始め とんかつの誕生
岡田 哲著
明治維新は「料理維新」！ 牛鍋、あんパン、ライスカレー、コロッケ、そして、とんかつはいかにして生まれたのか？ 日本が欧米の食文化を受容し、「洋食」が成立するまでの近代食卓六〇年の疾風怒濤を活写。
2123

東方的
中沢新一著（解説・沼野充義）
モダンな精神は、何を獲得し何を失ったのか？ 偉大な叡智は科学技術文明と近代資本主義が世界を覆い尽くす時が、真の危機だと告げる。四次元、熊楠、シャーマニズム……。多様なテーマに通底する智恵を探る。
2137

江戸の食空間 屋台から日本料理へ
大久保洋子著
盛り場に、辻々に、縁日に、百万都市江戸を埋め尽くしたファストフードの屋台から、てんぷら、すし、そば、鰻の蒲焼は生まれた。庶民によって生み出され支えられた、多彩で華麗な食の世界の全てがわかる一冊。
2142

世界の食べもの 食の文化地理
石毛直道著
日本、朝鮮、中国、東南アジア諸国、オセアニア、マグレブ。諸民族の食を探求し、米・酒・麵・茶・コーヒーなど食べものから見た世界地図を描く。各地を探検した〈食文化〉研究のパイオニアによる冒険の書。
2171

日本その日その日
エドワード・S・モース著／石川欣一訳
大森貝塚の発見者として知られるモースの日本滞在見聞録。科学者の鋭敏な眼差しを通して見た、近代最初期の日本の何気ない日常の営みや風俗を、異文化に触れる驚きや楽しさに満ちたスケッチと日記で伝える。
2178

文化人類学・民俗学

松岡心平著
中世芸能講義　「勧進」「天皇」「連歌」「禅」

中世日本の思想と構造を読み解く名講義。「勧進」が芸能を包含していく過程、「天皇」制における祓穢思想と芸能の発生、「連歌」のダイナミズムと美学、「禅」が孕むバサラ的思想。日本文化の本質に迫る！

2294

小松和彦著（解説・高田　衛）
妖怪学新考　妖怪からみる日本人の心

山に、辻に、空き地に、ビルの隙間や、あなたの「うしろ」にも――人あるところ、妖怪あり。人びとの不安や恐れが生み出す「妖怪」を通して日本人の精神構造と、その向こう側にある「闇」の領域を問いなおす。

2307

森枝卓士著
カレーライスと日本人

インド生まれのカレーが、いまや日本の食卓の王座についているのはなぜか？　カレー粉のルーツをイギリスに探り、明治以来の洋食史を渉猟し、「カレーとは何か」を丹念に探った名著。著者による補筆を収録。

2314

眞念／稲田道彦訳注
四國徧禮道指南《しこくへんろみちしるべ》　全訳注

貞享四年（一六八七）刊の最古のお遍路ガイドが現代によみがえる！　旅の準備、道順、宿、見所……。江戸期の大ロングセラーは情報満載。さらに現代語訳と詳細地図を付して時を超える巡礼へと、いざ旅立とう。

2316

松前　健著
日本の神々

イザナギ、イザナミ、アマテラス、そしてスサノヲ。歴史学と民族学・比較神話学の二潮流をふまえ、神々の素朴な「原像」が宮廷神話へと統合される過程を追い、信仰や祭祀の形成と古代国家成立の実像に迫る。

2342

矢野憲一著
魚の文化史

イワシの稚魚からクジラまで。世界一の好魚民族といわれる日本人の魚をめぐる生活誌を扱うユニークな書。誰でも思いあたることから意表を突く珍しい事例まで、魚食、神事・祭礼、魚に関する信仰や呪術を総覧！

2344